A CRISE DOS 30

Copyright © 2017 Bruna Tokunaga Dias
Copyright © 2017 Integrare Editora e Livraria Ltda.

Editores
André Luiz M. Tiba e Luciana Martins Tiba

Produção editorial
Estúdio Reis Editores

Copidesque
Gerson Reis

Revisão
Pedro Japiassu Reis
Rafaela Silva Reis

Projeto gráfico e diagramação
Gerson Reis

Capa
Q-pix – Estúdio de criação – Renato Sievers

Foto da autora
@DamonBatesPhotography

Dados Internacionais de Catalogação na Publicação (CIP)
Andreia de Almeida CRB-8/7889

Dias, Bruna Tokunaga
A crise dos 30: a adolescência da vida adulta / Bruna Tokunaga Dias. - São Paulo : Integrare, 2017.
208 p.

ISBN: 978-85-8211-080-5

1. Maturidade – Aspectos psicológicos 2. Orientação profissional 3. Mudança (Psicologia) 4. Autoconsciência 5. Adaptabilidade (Psicologia) I. Título

17-0993   CDD 155.6

Índices para catálogo sistemático:
1. Maturidade – Aspectos psicológicos

Todos os direitos reservados à
INTEGRARE EDITORA E LIVRARIA LTDA.
Rua Tabapuã, 1123, 7º andar, conj. 71/74
CEP 04533-014 – São Paulo – SP – Brasil
Tel. (55) (11) 3562-8590
Visite nosso site: *www.integrareeditora.com.br*

Bruna Tokunaga Dias

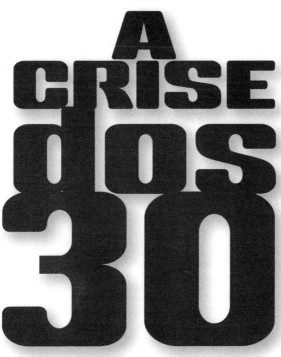

INTEGRARE
business

Agradecimentos

    Gratidão pelo Leo, pessoa que escolhi para caminhar ao meu lado e formar uma nova família. Obrigada por me apoiar e ser uma verdadeira muralha afetiva nos dias normais e nos de turbulência também.
    Agradeço aos meus pais, Paulo e Dalila, pelos olhares de carinho, amor e incentivo, que me fizeram acreditar que eu poderia alcançar tudo o que eu quisesse. Obrigada por me ensinarem que não sou mais nem menos que ninguém.
    À minha mãe, obrigada pela estrutura "firme e forte" que construiu comigo e com o Fernando. Ao meu pai, esteja aonde estiver, obrigada pelo tempo que passamos juntos. "És parte ainda do que me faz forte".
    Agradeço ao Fernando, meu irmão, por ser a principal testemunha da minha história de vida.
    Aos meus avós, Sadamu, Bito e Carminda, obrigada pelo legado que deixaram. Vó Helena, és uma referência de fé inabalável para mim.
    A toda a minha família: tios, tias, primos, primas, agregados e Lili, minha cunhada parceira irmã. Gratidão especial para os meus tios professores: Dumara, Denise, Ana, Henrique e Sandra.
    Gratidão, "Anhas", as flores de ferro. A vida é melhor com vocês: Ana, Tati, Mari P., Mari Gon, Carla, Tais, Fabi e Luiz. Aos meus amigos de infância Leo, Bola, Karina e Violeta.

Agradeço à Doutora Flavia Hime, pelos anos que me acompanha. Por todas as vezes em que me apresentou a mim mesma e às minhas possibilidades.

Agradeço ao meu orientador do mestrado, que deu origem a este livro: Professor Doutor Durval Luiz de Faria, pela parceria, pelo respeito ao meu tempo e ao meu processo de construção do trabalho. Agradeço à Eloisa Penna e Marcelo Ribeiro, pelas contribuições no Exame de Qualificação e por aceitarem participar da Banca Examinadora. Agradeço também à professora Liliana Wahba pelas aulas e acompanhamento durante todo o curso.

Antônio Mori, Luciana Ximenez, Lilian Donatti e Daniela Ruiz, meus parceiros de mestrado, foi um prazer dividir esta jornada com vocês.

Agradeço a todos os colegas da Cambridge Family Enterprise Group, em especial SP Office: Sonia, Pietro, Tharine e Claudia. Eduardo Gentil e Helena McDonnell, obrigada por abrirem as portas de mais uma possibilidade profissional.

Agradeço a todos os colegas do Grupo DMRH/Cia de Talentos pelos anos de aprendizado. Um agradecimento especial à Sandra Cabral, Adriana Chaves, Danilca Galdini (que também contribuiu para o livro), Lara Prado e Martha Magalhães. Maira Habimorad, Batman de quem serei eternamente Robin, agradeço pelo carinho, contribuições para o livro e pelo Prefácio.

Adriana Gomes, professora e amiga, agradeço pelos anos em que me acompanha, por todo o apoio e pela Apresentação do livro.

Alfredo Motta agradeço pela confiança e apoio que sempre demonstra. Suas contribuições para o livro foram muito importantes.

Obrigada, Paula Oliveira pela sua amizade e pelo exemplo de pessoas e profissional que é para mim.

Ruy Leal e André Tiba, vocês possibilitaram não só este livro, como também a realização de um sonho.

Obrigada aos participantes do estudo e a todos aqueles que dividiram suas histórias comigo em processos de orientação de carreira, permitindo que eu os acompanhasse de alguma forma, em processos de descobertas e reencontros.

Tenho enorme gratidão por um ser que nunca lerá este livro: minha cachorrinha Pandah, por ter ficado ao meu lado enquanto escrevi cada página.

Dedicatória

*A todos aqueles que já se permitiram questionar
a vida, o tempo e as convenções todas. A todos
aqueles que já mergulharam no caminho sem volta
da ampliação da consciência de si. A todos aqueles
que têm coragem de se autoconhecer. A todos
aqueles que estão em busca de sentido e significado.
A todos aqueles que trabalham com a alma.*

Sumário

Agradecimentos 5
Dedicatória 7
Apresentação 11
Prefácio 15

capítulo 1 **Pára a vida porque eu quero descer** 27
    A turma dos 30........................ 35

capítulo 2 **O que significa ter 30 anos** 39
    No meio da vida....................... 44
    Mas onde fica o meio da vida?............. 49

capítulo 3 **Em qualquer tempo** 59
    Intimidade X isolamento 62
    Os setênios 63
    Um momento de transição 64
    Nada pessoal.......................... 66

capítulo 4 **Uma geração líquida** 69
    Novos tempos......................... 75
    A carreira é da pessoa, não da empresa 79
    Desencontro de expectativas 83
    Os efeitos colaterais da liberdade 85

capítulo 5 **Todas as possibilidades do mundo** 91
    A adolescência dos adultos................ 94
    Independência para quê? 97
    Prazer, sou um profissional!.............. 100
    A felicidade inalcançável e os mil amigos 103

capítulo 6   **Sintomas de uma crise** **107**
                 Quando não vale a pena 112
                 Pausa obrigatória para reflexão 116

capítulo 7   **Como vim parar aqui?** **125**
                 Quem sou eu no meio disso tudo? 132

capítulo 8   **O que é o sucesso, afinal?** **139**
                 Utopia, realidade ou névoa 147
                 Em busca de "algo mais" 148

capítulo 9   **Expectativas reais** **159**
                 Trabalhar para quê? 169
                 Dentro do possível 175
                 Felicidade possível 177

capítulo 10   **Os pontos fortes de uma geração** **183**
                 Pelo direito de viver bem 189
                 A marca dos 30 191

capítulo 11   **Para onde ir?** **193**
                 Caminho aberto 196
                 Sem anestesia 198

                 Bruna Tokunaga Dias 203

Apresentação

É ao mesmo tempo desafiador e uma honra escrever a apresentação deste livro, pois o tema é complexo e envolve questões ligadas simultaneamente ao indivíduo, à sociedade, à realidade do tempo presente com o impacto das tecnologias na vida, às múltiplas possibilidades e alternativas de escolhas profissionais, às relações de, e com o trabalho, que nunca houve antes na história.

Chegar aos 30 anos hoje é bem diferente de uma geração atrás. As demandas e anseios em relação ao mercado de trabalho são enormes e parece haver menos garantias.

A Bruna – ela própria na faixa dos 30 – sentiu na pele as dores e dúvidas, mas também os prazeres, possibilidades e desejos dessa fase. Neste livro, ela busca compartilhar com o leitor suas inquietudes e, até certo ponto, seu inconformismo sobre a maneira como sua geração é tratada e como vivem os jovens nessa faixa etária e tenho certeza de que sua fala encontrará eco.

Em minha experiência como Orientadora Profissional e de Carreira, lido com jovens adultos que se deparam, cada vez mais, com os questionamentos apresentados neste livro.

Há inquietude frente a escolha profissional, pois são muitas as possibilidades de carreira e outras tantas de cursos, muitos deles apresentados aos jovens apenas no momento do vestibular, o que só faz aumentar as dúvidas e incertezas. Aos 30 anos, na meia vida profissional, no primeiro terço da vida, os anseios pela autonomia financeira – principalmente pela liberdade, reconhecimento e obtenção da satisfação profissional –, nem sempre são encontrados e o sentimento de frustração, e até de fracasso, se instala.

A falta da busca e do incentivo para o autoconhecimento que, certamente, é uma boa base para a realização de escolhas mais adequadas, também parece estar longe de ser prioridade na vida dos jovens. Esse fator colabora para ampliar o sentimento de frustração por não atingir as metas, e que nem sempre são planejadas com clareza. Com essa percepção difusa sobre o que se quer atingir, ou obter, encontra nessa idade um marco real.

Dessa maneira, acrescenta-se no caldeirão que levará aos 30 anos, todas essas angústias e ansiedades. Somam-se a isso a baixa qualidade do ensino – que negligencia a exposição dos alunos à reflexão sobre a vida no, e para o trabalho – ao distanciamento da academia do mercado de trabalho, como se uma fosse independente da outra.

Despreparo do corpo docente, seja no ensino médio e mesmo na faculdade, para orientar quanto à profissão e para o mercado de trabalho. Muitas vezes o estabelecimento de patamares ilusórios de status ou aquisições, a falta de conhecimento, de interesse e maturidade, até mesmo para pesquisar, descobrir e conhecer melhor profissões e o funcionamento do mercado de trabalho, também ajudam a aumentar as frustrações, logo ali, nos 30.

Em relação ao indivíduo, além da baixa percepção sobre si, seus valores e crenças, projetos de vida e profissional, ainda há a fantasia sobre a realidade organizacional e também sobre o empreendedorismo. Informações não faltam, porém, em certo ponto, o excesso de informações, sem referências internas, pode gerar paralisia ou atitudes desesperadas como a fuga para realidades supostamente diferentes, como experiências internacionais, que nem sempre resultam na solução do problema.

Os casos pesquisados pela Bruna ajudam a expor essas e outras questões e situações dos jovens de 30. O livro não propõe soluções mágicas mas, sem dúvida, ajuda a ponderar sobre esse período da vida e você, leitor, que se encontra frente a esses dilemas, poderá refletir sobre suas escolhas e as responsabilidades por elas, bem como pela construção do seu caminho que será sempre solitário, individual e intransferível.

Boa leitura!

Professora Adriana Gomes
Orientadora Profissional e de Carreira
Diretora do site www.vidaecarreira.com.br

Prefácio

Os nascidos nas décadas de 70 e 80 foram a primeira geração que constatou, enquanto adultos, que viveriam mais tempo. Ao passo que isso traz mais perspectivas, possibilidades e tempo, traz também muitas angústias relacionadas a esta finitude estendida. Neste contexto, escolhas, como as de carreira, que já são difíceis, tornam-se ainda mais complexas.

Ao mesmo tempo em que podemos usufruir das maravilhas do mundo de hoje: diversas opções de carreira e estilo de vida, acesso à informação, conhecimento, liberdade, avanços tecnológicos, avanços da medicina, mais diálogo e relações horizontais, ainda há uma questão a ser superada e que traz, em muitos casos, dilemas de vida e carreira.

É como se tivéssemos ficado em um hiato do tempo, um hiato de gerações. Muitas coisas foram construídas, mas ficamos sem nossas próprias referências e expectativas. Queremos viver do nosso jeito, usufruir o que foi conquistado, mas temos como referência a vida dos nossos pais e avós: como trabalhavam, se relacionavam, seus ídolos, modelos de trabalho, indicadores de sucesso e referências familiares. Apesar de tanta liberdade conquistada, ainda não nos libertamos das expectativas das gerações anteriores. Ainda seguimos uma cartilha com relação aos padrões de certo, errado, bom e ruim dos nossos pais e avós. E aí, se não virou gerente ou diretor, se não casou ou teve filhos antes dos 30 ou 40, independente de outras experiências legais que a pessoa possa ter tido e que as gerações anteriores nem sonhavam em ter, é como se não estivesse valendo a pena porque não estamos completando todas as fases ou acertando todas as respostas do jogo da vida.

As gerações anteriores também tinham suas questões e expectativas, mas suas causas eram políticas, sociais, culturais e não tão ligadas ao trabalho, que tinha um lugar bem definido na vida das pessoas. Somos a primeira geração que se apoderou, de verdade, da ideia de ser feliz no trabalho. O trabalho se tornou um lugar imaginário aonde todos se realizam, encontram os amigos, aprendem, se desenvolvem, têm líderes inspiradores e um ambiente instigante. Ao passo que essa expectativa foi criada, o mundo, nosso modelo de educação e trabalho não estavam preparados para atender a essas novas demandas, que espera do mundo do trabalho um misto de casa, escola e parque de diversões.

Essa expectativa irreal com relação à vida profissional talvez seja a grande e doce cilada que a geração criou e acreditou: "encontre a sua paixão e você não terá que trabalhar nenhum dia da sua vida". Que final feliz se assim fosse. Acontece que, mesmo que você encontre algo que ama fazer, você não vai necessariamente gostar de tudo o que você faz. Querer só a parte boa do trabalho (e de qualquer coisa) acaba sendo uma relação muito infantilizada e fora da realidade. É quase como acreditar em príncipe encantado, em fada madrinha, em gênio da lâmpada.

Para você que chegou até este livro e está lendo este prefácio, quero te contar que a Bruna, a autora, não acredita em conto de fadas. Este livro, portanto, é no máximo sobre o poço que a Alice caiu. É para poucos, é para aqueles que estão com coragem de entrar em contato com a realidade. Se quiser continuar acreditando em bruxa má, melhor buscar um romance. Aqui você vai encontrar uma perspectiva realista e adulta sobre vida e carreira, sobre crises e transições, sobre ser herói e vilão de si mesmo. O livro traz dados, estudos, exemplos de pessoas que também pararam para se perguntar e se questionar sobre o sentido e o significado do que estavam fazendo.

O bom é que você não está sozinho, o ruim é que isso te torna menos especial. Você não é, não foi e nem será o único que passou ou passará por uma fase de questionamento, crise e transição. Se estiver pronto para enfrentar os dragões que moram no seu castelo, o convido para uma reflexão e abertura de consciência que é sem volta. E acredite em mim, mais dia menos dia temos que aprender a encarar nossos medos, angústias, questionamentos. Para aqueles que buscam uma vida de significado esse é um exercício eterno porque as suas perspectivas, se tudo der certo, também vão mudar com o tempo. Costumo sempre dizer que este exercício, em busca da carreira feliz, é como administrar um pêndulo que tem em suas pontas essência e referência. O livro convida a entrar em contato direto com a sua essência para, então, voltar e poder olhar para suas referências com uma nova lente.

Conhecer sua essência vai te ajudar a escolher as batalhas que de fato quer lutar (não conheço ninguém que conseguiu ganhar todas) e priorizar aquilo que é importante para você. Vou tentar dar um exemplo: há algum tempo descobri que autonomia e liberdade para mim são quase como oxigênio. Só percebi isso, quando por um breve período da minha carreira, perdi a liberdade de dizer o que penso e fazer o que acredito. Tem aquela história que, às vezes, precisamos perder algo para dar valor e comigo foi exatamente assim. O melhor desta experiência é que descobri qual o meu principal mobilizador de carreira e vida. Em momentos de questionamentos e dilemas profissionais, sempre soube que poderia abrir mão de algumas coisas em prol de outras coisas que também são importantes para mim (aprendizado, conhecimento, desenvolvimento), mas não há proposta de trabalho no mundo que me faça abrir mão da possibilidade de ser eu mesma e isso eu chamo de liberdade. Para isso tenho que gerenciar e, às vezes, ceder elementos e expectativas que também são importantes para mim, e isso é parte do jogo. As coisas nunca serão 100% do jeito que a gente quer.

Um momento de crise e questionamento é também uma oportunidade de chegar um pouco mais perto de uma vida com mais satisfação. É a jornada do si mesmo que não acaba, é o Processo de Individuação do Jung que é bastante explorado no livro, nosso processo contínuo de desenvolvimento. E no final do dia, a pergunta é: eu gosto da pessoa que estou me tornando? Eu seria meu amigo? Este livro é sobre a responsabilidade, a liberdade e o prazer de tornar-se si mesmo.

Não gosto muito da ideia de dar dicas ou conselhos de carreira, mas tem um que não me importo de dar: encontre o seu benchmark, em outras palavras, encontre as pessoas e referências certas para se comparar. Comparar-se a algo ou alguém que é muito diferente de você, da sua essência e referências, só vai aumentar sua insatisfação ou frustração com relação a algo. Ao invés de achar que não faz tão bem algo como a Ana (que é diferente, tem uma vida única, sonhos e possibilidades que são só dela), por que não perceber que Joana é igual a você em certos aspectos e que tem coisas que uma faz melhor que a outra? Eu sou mãe e executiva. Eu nunca quis abrir mão de ser uma boa profissional e uma boa mãe. Se me comparo apenas às mães que não trabalham, fico maluca, vou me achar a pior mãe do mundo – elas sabem o nome e dia de aniversário de todos os professores e eu não! Se me comparo com as executivas que não têm filhos vou achar que estou em falta, que poderia estar abraçando outras oportunidades profissionais. Mas, comparar-me com mulheres que também são mães e executivas, faz com que eu me sinta uma pessoa normal e fico feliz e satisfeita em saber que estou fazendo o melhor que posso em cada um desses papéis. Afinal, não se pode ter tudo.

Termino este convite à leitura do livro com um trecho de poema que gosto muito chamado *Para Maria da Graça*, de Paulo Mendes Campos:

"Os homens vivem apostando corrida, Maria. Nos escritórios, nos negócios, na política, nacional e internacional, nos clubes, nos bares, nas artes, na literatura, até amigos, até irmãos, até marido e mulher, até namorados, todos vivem apostando corrida. São competições tão confusas, tão cheias de truques, tão desnecessárias, tão fingindo que não é, tão ridículas muitas vezes, por caminhos escondidos, que, quando os atletas chegam

exaustos a um ponto, costumam perguntar: "A corrida terminou! Mas quem ganhou?" É bobice, Maria da Graça, disputar uma corrida se a gente não sabe quem venceu. Se tiveres que ir a algum lugar, não te preocupes com a vaidade fatigante de ser a primeira a chegar. Se chegares sempre aonde quiseres, ganhaste."

Maira Habimorad
Está no papel de CEO da Cia de Talentos – maior empresa de desenvolvimento de carreira e inserção de jovens no mercado de trabalho. É cofundadora do Bettha.com, startup de tecnologia que tem como meta aumentar a empregabilidade e autoconhecimento de jovens em início de carreira. Comentarista de Carreira na GloboNews. É mãe da Stella e da Carol e apaixonada por gente talentosa, samba e literatura.

"Ninguém pode construir em teu lugar as pontes que precisarás passar, para atravessar o rio da vida – ninguém, exceto tu, só tu. Existem, por certo, atalhos sem números, e pontes, e semideuses que se oferecerão para levar-te além do rio. Mas isso te custaria a tua própria pessoa. Tu te hipotecarias e te perderias. Existe no mundo um único caminho por onde só tu podes passar. Onde leva? Não perguntes. Segue-o!"

Friedrich Nietzche

A CRISE DOS 30

A ADOLESCÊNCIA DA VIDA ADULTA

Pára a vida porque eu quero descer

Em 16 de abril de 2014, Vânia completou 30 anos. Dois dias depois, ela entrou em um avião rumo à Austrália, país em que passaria os sete meses seguintes. Estava em busca de uma vida nova, embora não tivesse a mínima ideia do que isso significaria. Tampouco sabia o que gostaria que isso significasse. Só sabia que do jeito que estava não queria continuar.

Meses antes, sua carreira executiva, aparentemente tão sólida, começava a dar sinais de desmoronamento. Seu corpo gritou. Enquanto participava da coordenação de um programa de trainee da multinacional em que trabalhava, na área de recursos humanos, sentiu fortes tonturas e sensação de desmaio. Conseguiu administrar o mal-estar por alguns dias. Não queria deixar a equipe na mão. Não queria abandonar seu trabalho. Estava na companhia havia três anos, responsável por projetos importantes e estratégicos. Sentia-se reconhecida pela empresa, que investia em sua formação. Tinha autonomia para construir seus projetos, em função de sua bagagem de outros três anos em uma consultoria. Mas a indisposição cresceu e seu afastamento foi inevitável.

A tensão profissional já havia virado rotina, a ponto de ela supor que os sintomas que tinha eram consequência de uma síndrome de *burnout* – um distúrbio psíquico em decorrência de forte estresse emocional ligado ao trabalho. O diagnóstico médico, no entanto, apontou crises de hipoglicemia, isto é, uma diminuição de glicose no sangue. Durante o inegociável período de repouso, em casa, ela passou a cogitar a saída total do mundo corporativo. Queria largar tudo. Mas não tinha um plano B. Então, surgiam os temores: como vou me sustentar? Onde vou trabalhar? Como será a minha vida? Afinal, o que eu quero fazer? O que eu vou falar para as pessoas?

A história de Vânia foi uma das que acompanhei de perto para realizar a minha dissertação de mestrado sobre transição de carreira entre os 28 e 33 anos, em 2015. Na pesquisa acadêmica, consegui aprofundar meus estudos sobre um tema que há alguns anos já me intrigava. Apesar da sensação de ser a única perdida entre tanta gente satisfeita, feliz e realizada, Vânia não estava sozinha em seu dilema. Desde que comecei a investigar o assunto, encontrei um número crescente de pessoas que relataram a mesma situação. Comecei a investigar o tema ao me deparar com um aumento significativo pela procura de Orientação de Carreira por pessoas que, após alguns anos de formadas, apesar de terem alcançado algumas conquistas, não se sentiam satisfeitas. Sentiam-se novas demais para aguentar algo que não gostavam e muito velhas para começar tudo de novo.

Como consultora especializada em orientação de carreira, desde 2007, chamou-me a atenção um aumento na procura pelo meu trabalho por pessoas com idade entre 28 e 35 anos. Até por volta de 2011, era comum receber adolescentes do ensino médio buscando auxílio para fazer a primeira escolha profissional, jovens recém-formados preocupados com a inserção no mercado de trabalho ou profissionais planejando uma segunda carreira e aposentadoria.

Nos últimos anos, porém, tenho recebido profissionais que, após algum tempo atuando no mercado de trabalho, apesar do desenvolvimento e crescimento profissional, sentem-se insatisfeitos. Muitas vezes, procuram a orientação de carreira sem saber exatamente o motivo. Só sabem que não estão bem com relação ao trabalho. São pessoas que aparecem com vontade de largar tudo, fazer algo diferente, resgatar sonhos esquecidos, tirar um ano sabático, ressignificar o que fazem, na busca por um sentido. Algumas queixas aparecem como um vazio inexplicável.

Surpresa por essa intensa demanda, fui pesquisar o assunto. Encontrei a confirmação de que os depoimentos dos meus clientes seguiam uma tendência.

Um estudo sobre mudanças de carreira realizado em 2010, pela psicóloga e pesquisadora Maria da Conceição Uvaldo, mostrou o aumento da procura pela orientação profissional por adultos com idade entre 32 e 56 anos. A maioria das mudanças na profissão ocorreram por volta dos 35 anos, quando a maioria dos participantes já havia relatado ocupar posições de gerência ou ter certa estabilidade profissional. Esses são indicadores de uma aceleração das carreiras e de uma dedicação ao trabalho muito maiores do que se via nas décadas finais do século passado, quando os cargos mais altos eram geralmente ocupados por pessoas mais velhas.

Em 1999, quando a psicóloga Danilca Galdini ingressou na DMRH/Cia de Talentos, uma das maiores empresas de recursos humanos do Brasil, "questões de carreira" não era um tema popular entre os executivos. Até surgia em treinamentos, entrevistas e conversas, mas seu peso era notavelmente menor do é hoje. Danilca, que hoje coordena o braço de pesquisa da companhia, a Nextview People, conta que, no máximo, as pessoas comentavam coisas como "estou me sentindo um pouquinho perdido". "Quando você começava a falar sobre o tema, chamava a atenção, mas essas preocupações existiam em uma intensidade muito menor do que agora. Atualmente, parece que está todo mundo repensando a carreira".

Essa constatação revelou, para mim, a urgência de falar sobre o assunto. De entender o que está por trás da, às vezes complicada e sofrida, transição dos 30 anos, até então pouco abordada por pesquisadores. Diante de histórias com tantos pontos em comum, decidi transformar o meu trabalho acadêmico em ponto de partida para a construção deste livro. Entendi que essa seria a forma mais eficaz de levar o assunto ao maior número possível de pessoas.

Para a elaboração do livro procurei ampliar minha pesquisa e, livre das exigências acadêmicas, colhi uma amostra maior desse grupo de pessoas. Para isso, postei em minhas redes sociais a seguinte mensagem: "Pessoal, estou em busca de pessoas que, por volta dos 30 anos, tenham passado – ou estejam passando – por algum tipo de crise na vida e/ou carreira. Mudaram de profissão, não estão certos de que querem seguir na profissão que escolheram, não estão (tão) felizes, jogaram tudo para o alto (ou querem muito fazê-lo), cansaram, mudaram, viajaram, pararam ou simplesmente questionaram o rumo de suas vidas profissionais".

Em poucos dias, chegaram muitos relatos em resposta ao meu post. Narrativas longas, densas, reflexivas. Somaram-se a elas outras histórias, contadas pessoalmente, por e-mail, por telefone, no consultório, em papos de café ou no escritório. Mais de 50 retornos foram relatos profundos, textos longos cheios de ponderações. Embora cada história tenha suas peculiaridades, dilemas recorrentes conectavam indivíduos desconhecidos e aparentemente muito diferentes.

A seguir, reproduzo alguns trechos desses depoimentos, que resumem as principais queixas, insatisfações e questionamentos de quem passa pela crise de carreira dos 30.

"Percebi que aquilo tudo estava me fazendo mais mal do que bem: eu vivia de mau humor, tinha um nó no estômago todos os dias de manhã antes de ir ao trabalho, às vezes não dormia, me alimentava mal, mas o pior de tudo é que eu não me reconhecia mais".

"Me angustiava trabalhar mais do que viver, ficar de 12 a 14 horas do dia dentro de um prédio, com milhares de compromissos, pressão para entrega de resultados... Eu queria ver a vida do lado de fora da 'cadeia/jaula' em que eu passava o maior tempo da minha vida."

"Quero dinheiro, quero um ambiente saudável de trabalho, quero algo autoral, quero tudo. Mas na hora de ponderar uma escolha para tentar um caminho, só escuridão."

"Não sei se busco uma empresa grande, se vendo a alma, viro mãe e aguardo sofrer porque preciso ser uma supermulher. Penso em trabalhar em consultoria, mas nunca consegui fazer entrevista para nenhuma. Estou bem perdida."

"Acho que no fim, o que desencadeou a crise foi o fato de estar 'nos 30' sem ser aquela mulher incrível que eu imaginava que seria quando tinha 15."

"Hoje, se me fizessem uma proposta para ganhar

R$ 100 mil naquela empresa eu não iria. Nem por R$ 1 milhão."

"Eu quero isso para mim? Eu quero continuar aqui?".

"É uma inquietação, às vezes eu sei o que quero, e está tudo bem, e às vezes, não."

"Foi sadio eu tomar coragem e falar: 'Eu tenho que parar de fazer o que eu estou fazendo e tentar alguma outra coisa'. Eu estava com 28 anos, me sentindo inútil. Eu não sou nem administrador, porque não exerci, e nem o músico que quis ser. Eu não sou nada. Será que tenho condição de reverter alguma coisa?".

"Eu me pergunto: 'Será que eu invisto na empresa? Será que o caminho é esse? Será que eu me preparo melhor?' Essas interrogações me incomodam muito."

"Eu nunca fui pensando exatamente no que eu queria. Foi tudo acontecendo. Eu chegava de noite em casa e chorava. Chorava por causa da pressão, acima de tudo. Pela sensação de que todo mundo achava que eu era boa e eu não me achava tão boa assim."

"Comecei a tentar lembrar o que eu fazia quando era pequena, o que eu gostava, o que eu curtia, o que me dava prazer? Eu pensava: 'Vou terminar com 28 anos a faculdade e sem emprego? Será que eu consigo fazer alguma coisa direito?'"

"Eu trabalho muito, pelo menos 12 horas por dia, cada hora em um projeto e uma empresa diferente.

Não me importo de trabalhar muito e acho que ganho bem para minha idade, mas na hora que chego em casa e deixo a mochila em cima da mesa não sei qual é o sentido de tudo isso."

"Percebi que eu tinha subido todos os degraus. Eu havia chegado ao topo antes mesmo dos 30 anos, mas a escada estava no muro errado. Não me identificava com as pessoas que eu tinha que conviver nem com o código de conduta não dito."

Esses desabafos vieram de pessoas com perfis e realidades variadas. Executivos, médicos, autônomos, empreendedores, acionistas, celetistas, espíritos livres, herdeiros... como psicóloga, atuando na área de Orientação de Carreira, em vias de completar 30 anos, o tema *me* escolheu.

A turma dos 30

Há algumas peculiaridades no grupo formado por pessoas ao redor de 30 anos. Este grupo parece estar vivendo um adiantamento do que na Psicologia chamamos de o "meio da vida", período caracterizado por muitas mudanças na vida dos indivíduos. Em geral, é um momento de balanço e revisão do que foi feito até ali, que servirá de base para as escolhas que virão a seguir. Na definição do psiquiatra e psicoterapeuta suíço Carl Gustav Jung, fundador da psicologia analítica, o meio da vida vai dos 35 aos 40 anos, aproximadamente. Mas pode prolongar-se por mais tempo. Em seu trabalho, Jung descreveu esse período como uma crise ou período problemático, que leva o indivíduo a se adaptar às demandas da segunda metade da vida. Esse tema foi estudado por diversos especialistas e falaremos mais sobre ele no próximo capítulo.

Pesquisadores americanos da Fundação MacArthur, que conduziram o projeto *Network on Successful Midlife Development* (Rede de Pesquisas do Desenvolvimento da Meia-Idade Bem-sucedida) descobriram que o conflito existencial está, de fato, chegando mais cedo, por volta dos 30 anos. "Até meados do século 20, esse conflito existencial não chegava antes dos 40 – idade que marcava a metade da vida, quando alguém passava a ser considerado velho e deveria ter todos os problemas, pessoais, financeiros e profissionais, resolvidos (...) "Os jovens viraram os detentores do conhecimento – a idade deixou de ser sinal de sabedoria e passou a simbolizar atraso".

Outro estudo, realizado pela empresa brasileira Pesquisaria, com mil participantes, homens e mulheres de 30 anos, mostrou que 59% das pessoas fizeram um balanço da vida naquele momento e 44% disseram não ter realizado até ali muito do que esperavam. Apenas 15% afirmaram estar plenamente satisfeitos com as conquistas que alcançaram. Foram entrevistadas pessoas de São Paulo, Rio de Janeiro, Porto Alegre e Recife.

Nas últimas duas décadas, especialmente, com o avanço tecnológico, o mundo se tornou mais rápido, conectado, competitivo e cheio de possibilidades. No passado, o caminho do sucesso profissional parecia mais linear e restrito. Bastava fazer uma faculdade tradicional, como direito, engenharia ou medicina, entrar em uma boa empresa e trabalhar direitinho para lá fazer carreira. Hoje, surgem novas profissões a todo momento, e os modelos de trabalho passam por uma intensa revisão. Não é mais preciso estar fisicamente presente para ter compromisso com o trabalho. Não é mais preciso se deslocar de avião para falar com o chefe do outro lado do mundo. Não é preciso limitar-se à prestação de serviço a apenas a uma empresa por vez. Estão se tornando populares os vínculos estabelecidos por projetos. As empresas começaram a falar e a adotar o home office. Computadores, smartphones, internet eliminaram barreiras de tempo e espaço. E abriram-se horizontes profissionais inusitados.

O que mudou também foi a possibilidade de trazer os dilemas para a mesa, abertamente. Temos hoje uma permissão social para falar sobre o desejo de trabalhar com algo que faça sentido para nós. Por isso, as pessoas têm muito mais crises. Elas se perguntam: "Meu trabalho faz sentido? Faço aquilo que tem a ver comigo? O que eu quero de verdade?".

O que há por trás de tantos pontos de interrogação e mudanças de trajeto? Serão os 30 anos realmente um adiantamento das questões antes vividas aos 40? Ou será que os 30 são os novos 20 e, portanto, estamos mais imaturos e lentos do que nossos pais e avós em alguns aspectos?

Eram essas algumas das perguntas que martelavam minha cabeça e me impulsionavam a sair da superfície de hipóteses e estereótipos para entender o que há por trás das dúvidas, dilemas e angústias. Mais que isso: como fazer delas uma ponte para a construção da próxima etapa da vida? Como ajudar pessoas a entender que não são as únicas a se questionarem, a não se sentirem realizadas e que isso não é razão para se culparem? Estava aí o meu chamado. Falaremos sobre isso mais adiante.

capítulo 2

O que significa ter 30 anos

Até para aprender a fazer perguntas a si mesmo, muitas vezes, é preciso percorrer um longo caminho. Durante dois dos sete meses em que morou na Austrália, a psicóloga Vânia trabalhou como garçonete. Experimentou um estilo de vida mais simples, sobre o qual idealizava no período em que era executiva e passava entre 12 e 15 horas por dia dentro de uma empresa. "Era uma vida que, supostamente, eu queria. Tinha a ambição de simplesmente trabalhar e pagar as minhas contas, sair com o meu namorado, enfim, ser feliz", diz. Mas a realidade não foi tão boa quanto a imaginação. "Descobri que era também uma vida profissionalmente desinteressante. Para mim, não bastava".

Nesse período, seu corpo a fez parar pela segunda vez. Ela começou a sentir fortes dores na coluna e precisou voltar ao Brasil para se tratar. Ficou alguns meses sem trabalhar. Teve tempo, portanto, de refletir sobre as próprias escolhas, passadas e futuras. Começou a se dar conta de que talvez estivesse em busca de um ideal – e não de algo que existisse na realidade. Dessa clareza decorreu a decisão de não viver no mundo da fantasia. O melhor seria considerar as perspectivas que tinha ao alcance dos olhos.

A partir de então, reduziu drasticamente suas expectativas de felicidade. Deixou os quereres de lado para fazer o que devia ser feito. Entendeu que precisava voltar a trabalhar. Seu pai tinha uma empresa que atendia à indústria gastronômica e na qual Vânia havia trabalhado por quatro meses no início da carreira. Foi lá que ela percebeu o quanto gostava do aspecto humano das organizações e, por isso, iniciou a carreira em recursos humanos. Apesar dessa passagem, ela nunca havia cogitado entrar de vez no negócio da família. Muito menos se preparar para ser a sucessora do pai algum dia. Desta vez, no entanto, foi diferente. Agora, mais madura, passou a considerar essa hipótese. Logo decidiu experimentar o papel de executiva e acionista da companhia. Abraçou a oportunidade que tinha para recomeçar sua trajetória profissional.

Enquanto conduzia entrevistas com Vânia e os demais participantes da minha pesquisa de mestrado, eu não me sentia apenas no papel de pesquisadora. Em certa medida, sabia do que todos eles estavam falando, porque também experimentava dilemas e questionamentos nos meus 30 anos.

Aos 28, quando esse assunto começou a me chamar a atenção, eu era gerente da área de carreira da DMRH/Cia de Talentos e ocupava uma posição com bastante responsabilidade e exigências. Naquela época, eu já havia comprado um apartamento. Estava prestes a casar com um namorado de longa data. Mas, de repente, já não sabia se minhas escolhas faziam sentido. Parei para pensar sobre o quanto todas essas escolhas tinham, de fato, a ver comigo, com os meus desejos intrínsecos. Procurei apoio, conversei muito com minhas chefes na época, decidi fechar para balanço, parar os atendimentos e procurar ajuda com um processo de Orientação de Carreira. Com apoio da Adriana Gomes, que foi minha professora na pós-graduação, coloquei minha vida em perspectivas e comecei uma revisão completa. A minha sensação naquele momento me lembrava a música *Ouro de Tolo*, de Raul Seixas:

> *"Eu devia estar contente*
> *Porque eu tenho um emprego*
> *Sou um dito cidadão respeitável*
> *E ganho quatro mil cruzeiros por mês*
> *(...)*
> *Eu devia estar contente*
> *Por ter conseguido tudo o que eu quis*
> *Mas confesso abestalhado*
> *Que eu estou decepcionado*
> *Porque foi tão fácil conseguir*
> *E agora eu me pergunto: E daí?*
> *Eu tenho uma porção de coisas grandes*
> *Pra conquistar, e eu não posso ficar aí parado"*

O relacionamento de dez anos acabou. Algum tempo depois, decidi deixar a empresa na qual trabalhei desde a época de estágio para experimentar um vínculo profissional mais flexível em uma consultoria focada em famílias empresárias, que me possibilitaria um novo ciclo de aprendizado e um desafio intelectual e tanto. E, assim como as pessoas que algum tempo depois conheci para a minha pesquisa acadêmica, eu tinha muito mais perguntas do que respostas.

Refleti durante esse período sobre o que representam os 30 anos na vida de alguém. Achei que fosse uma coisa mais minha, mas acho que se trata de um momento em que escolhemos crescer ou não crescer. De certo modo, é uma fase de regressão, de retrospectiva, a hora em que se faz um balanço do que foi vivido até ali. Já não se é tão novo que se possa começar tudo de novo sem pagar um preço por isso. Há conquistas, experiências acumuladas, especialidades definidas, comportamentos que já se tornaram hábitos. Um caminho relevante já foi percorrido e é preciso ser respeitado. Porém, esse caminho ainda não é longo o bastante para ter se solidificado ou para dificultar uma mudança de rota. Se não estava feliz, para o resto da vida me pareceu tempo demais para seguir pelo mesmo caminho.

A vida adulta é um chamado, deparamo-nos com uma encruzilhada – e não há placas indicando o caminho mais seguro, mais prazeroso, mais curto ou mais longo. Comparo, de certa forma, a um jogo de vídeo game, onde você pode pegar atalhos, pular fases, mas no final você tem que encarar o desafio para acabar o jogo.

A psicóloga Ruh Dias publicou, no site *Obvious Magazine*, o texto "Aos 20 X aos 30", comparando as duas fases. Ela faz um resumo, a partir de detalhes cotidianos, sobre as transformações internas ao longo de uma década. Em um trecho, afirma: "[Aos 20] todos dizem 'ainda dá tempo' de mudar de emprego, de trocar de faculdade, de viajar o mundo, de encontrar um amor ou um rumo. Aos 30, mudar de emprego passa a considerar variáveis mais numéricas, trocar de carreira e seguir um sonho soa como uma besteira infantil e, para viajar o mundo, espera-se a baixa do dólar. Por outro lado, aos 20, o peso de pertencer a um grupo é maior, os padrões que a sociedade impõe atormentam e as normativas da família perturbam. Aos 30, se é mais livre. Nem que seja um pouco. Se a roupa aperta, não importa. Se a decisão não agrada a todos, não se lamenta. Se não queremos algo que todos querem, e daí? E vice-versa, tanto faz. A dona de mim sou eu, afinal de contas."

No meio da vida

O mestrado marcou os meus 30 anos. Matriculei-me meses depois de completar 30 anos. Fui ao mesmo tempo pesquisadora e objeto de pesquisa. Construí uma ponte entre o meu trabalho prático, o meu desejo de voltar à academia e a minha vida pessoal. Essa "metalinguagem" acadêmica foi um dos motivadores da escolha pela linha a seguir no trabalho. Decidi usar a lente de Carl Jung ao conduzir a minha investigação. Para ele, o conhecimento também é, inevitavelmente, fruto da personalidade do pesquisador, que de alguma forma interfere no fenômeno observado. Não se trata de anular as diferenças entre quem estuda e o que é estudado (objeto), pois isso criaria uma mistura que inviabilizaria a possibilidade de conhecimento. Porém, se a subjetividade do autor não for levada em conta, ela permanecerá inconsciente e, como tal, poderá se projetar de forma automática e primitiva.

Na psicologia analítica, fundada por Jung, conhecimento equivale a consciência. Portanto, conhecimento e autoconhecimento são inseparáveis. Ele foi o primeiro a usar a expressão "processo de individuação" para descrever o desenvolvimento do indivíduo a partir de um processo que tem como direção a realização e o desabrochar de suas potencialidades.

Acredito que o desenvolvimento profissional seja um dos canais para o processo de individuação, para a realização de potencialidades. Afinal, a partir das questões de carreira, mobilizamos questionamentos existenciais que geram impactos além do âmbito profissional. De acordo com o pensamento de Jung, a personalidade só se desenvolve por meio de um empurrão das necessidades. Isto é, precisamos de desafios para crescer. Esses desafios, por sua vez, são desencadeados por acontecimentos internos ou externos. Pode ser algo que aconteceu de fato ou que era esperado e não aconteceu, como por exemplo, o fim de um namoro, uma demissão ou uma doença, uma promoção que não acontece, planos que não dão certo. Estes eventos funcionam como um alarme que dispara e convida a pessoa a repensar suas escolhas de vida com novas lentes. No livro *Memórias, Sonhos e Reflexões*, Jung descreve a importância da relação entre os opostos para tirar as pessoas da inércia. Para ele, se não houver a tensão entre impulsos e ideias contrárias, não há progresso nem vida saudável. Lembro-me sempre de um garoto que recebi, frustrado por não ter sido aprovado em um programa de trainee. Seu discurso era a de que fez tudo 'certo': "Cursei uma faculdade de primeira linha, falo inglês e espanhol, fiz intercâmbio e trabalho voluntário, o que há de errado?".

O caminho para a individuação, de descobrir o que somos essencialmente, a despeito das influências e companhias que vêm de fora, não é um trajeto simples nem fácil. Como vivemos em sociedade, muitas vezes optamos, mesmo que seja sem perceber, por seguir as convenções. Às vezes, nos convencemos de que a opinião da maioria é realmente a mesma que a nossa. Outras vezes, mesmo sabendo que não é, não encaramos o desconforto de assumir a diferença. Jung chamou de "designação" o que impulsiona uma pessoa a resistir à tentação de se misturar à multidão e escolher o próprio percurso, aquilo que distingue um homem ou uma mulher de todos os demais. Trata-se de identificar o que há de mais autêntico em nós. "Quem tem designação escuta a voz de seu íntimo, está designado", escreveu Jung no livro *O Desenvolvimento da Personalidade*. Ouvir a voz interior é a possibilidade de ter uma vida mais plena, através de uma consciência mais ampla e abrangente.

É difícil identificar que vontades e impulsos vêm da "voz interior", não somos educados para isso. Somos educados em uma abordagem lógico-racional, mas a vida não é assim lógica e racional como gostaríamos que fosse. Facilmente confundimos nossas vontades com a voz da sociedade. Quantas pessoas escolhem a carreira não por convicção, mas porque os pais esperam, ou porque os amigos seguiram aquele caminho, ou por status, ou por medo, por conveniência, porque era bom em certa matéria na escola. Não raro, isso acontece sem que, na hora, o próprio indivíduo perceba que está realizando os desejos dos outros – em vez dos seus. Na medida em que se torna infiel às próprias leis, paralisa seu desenvolvimento e perde o sentido da própria vida. Era sobre esse tema a maior parte dos relatos que escutei de pessoas que passaram pela crise de carreira por volta dos 30 anos. Em geral, questionavam os porquês de suas escolhas e o quanto as conquistas alcançadas refletiam o que, de fato, elas eram e almejavam.

Na época em que apresentava suas ideias à comunidade científica, Jung recebeu muitas críticas. Ele viveu entre o final do século XIX até meados do século XX, quando sua teoria conflitava com o realismo, o racionalismo, o dualismo e o cientificismo predominantes. Sua vida e obra se misturam, e Jung foi sujeito das próprias experiências, principalmente na investigação do inconsciente. Considerava um dos grandes desafios da psicologia como ciência o fato de a psique ser ao mesmo tempo sujeito e objeto do conhecimento. A construção de suas ideias estava mais próxima de uma corrente de pensamento romântica, idealista, empírica e monista (isto é, do monismo, sistema pelo qual a realidade se reduz a um princípio único). O pensamento de Jung está mais alinhado à concepção de ciência dos tempos atuais, como escreveu a psicóloga Eloísa Penna, no artigo "Pesquisa em psicologia analítica: reflexões sobre o inconsciente do pesquisador".

Segundo Jung, o homem deveria ser visto por inteiro, como parte de uma comunidade em determinado momento da história. Não poderia ser dissociado do contexto em que vive, nem ser analisado de maneira desvinculada de sua realidade social, cultural e universal. Nesse aspecto, a busca pela autorrealização, mais do que um desejo, é um movimento que faz parte do desenvolvimento humano. Qualquer interferência nesse processo pode "desviar" a pessoa de seu destino e de seu caminho, ou seja, da construção de sua individualidade.

Mas onde fica o meio da vida?

Ao iniciar este trabalho, eu tinha o pressuposto de que poderíamos estar diante da antecipação da crise do meio da vida (metanoia, como é chamada a etapa antes dos 40 anos, na psicologia analítica). Isso porque Jung, em seus trabalhos, ressalta que o desenvolvimento da personalidade está dividido em dois grandes momentos: antes e depois do meio da vida. O meio da vida, portanto, seria o início de um novo processo de desenvolvimento, cheio de possibilidades de atribuir novos significados ao que foi vivido e ao que está por vir, e que poderia se estender até o fim da vida de uma pessoa. Não existe uma idade certa para isso, a expectativa de vida tem aumentado, não é possível definir uma idade em que uma pessoa terá um questionamento sobre sentido ou significado.

Para ele, a criança inicia a sua vida psíquica em ambiente acanhado e ainda sob muita influência dos pais e da família. Com a maturidade, há uma ampliação da consciência, dos horizontes, dos desejos. Durante a primeira metade da vida, o indivíduo está envolvido com as coisas do mundo, e a energia está canalizada para a realização, o foco está no fazer, realizar. No meio da vida, ocorre o desenvolvimento máximo em que a pessoa trabalha com todo o seu querer e a sua força e, assim, inicia o entardecer, quando principia a segunda metade da vida. A partir de então, começa-se a prestar contas para si mesmo de como sua vida se desenvolveu até aquele momento. Não se trata mais de atender às expectativas, as atitudes não são mais para provar algo para o mundo. As opiniões alheias passam a ter um peso menor. O indivíduo busca suas verdadeiras motivações e começa a identificar suas peculiaridades. Entretanto, em geral, tais descobertas vêm acompanhadas de certo sofrimento. "Vários são os caminhos que levam à conscientização, mas eles obedecem a certas leis. Realmente a mudança começa com o início da segunda metade da vida. O meio da vida é um tempo de suma importância psicológica", afirma Jung em *O Desenvolvimento da Personalidade*.

O analista junguiano Murray Stein remete ao período do meio da vida indivíduos que têm entre 35 e 50 anos. No seu livro *O Mapa da Alma*, ele define o meio da vida como um segundo renascimento da vida adulta – o primeiro acontece normalmente entre a adolescência e os 30 anos de idade. Seria a partir desse processo de mudanças que surgiria uma nova consciência de si mesmo, e o indivíduo deixaria para trás algumas definições coletivas sobre sua identidade. De acordo com ele, há pessoas que podem nunca passar por alguma transformação ou transição do meio da vida. Isso, no entanto, implica em se manterem limitadas, imaturas e com atitudes infantilizadas para o resto de suas vidas.

Para alguns pesquisadores, o meio da vida não está vinculado necessariamente a uma idade ou a um período determinado. O psicólogo analista americano James Hollis considera o meio da vida mais como um evento psicológico do que cronológico. Para ele, o uso da idade não é o ideal para marcar essa fase, especialmente hoje em dia, quando é comum encontrar indivíduos com a mesma idade e realidades muito diferentes quanto à família, trabalho, vida social, atribuições e responsabilidades. Uma pessoa com 30 anos pode já ser casada e com filhos ou ainda viver na casa dos pais, por exemplo. No livro *Dicionário Crítico de Análise Junguiana*, Andrew Samuels, Fred Plaut e Bani Shorter definem esse período como aquele em que "a luta pelo sucesso externo precisa ser modificada de modo a incluir uma preocupação com o significado".

O psiquiatra brasileiro Carlos Byington segue a linha junguiana e é autor do livro *As Sete Fases Arquétipas da Vida*. Segundo ele, é no meio da vida que as pessoas costumam ter "uma grande revelação, uma crise de ética". Ele concorda com Jung que geralmente isso acontece por volta dos 40 anos, quando já se construiu uma carreira, uma família e conquistou-se alguns objetivos. Mas, em um depoimento concedido para este livro, o psiquiatra pondera que há casos em que a crise chega por volta dos 25 anos. "Independentemente da idade, o meio da vida é quando alguém percebe o seu destino, o seu chamado, a sua razão de ser. O problema é que o indivíduo não está preparado para esse momento, não sabe que isso irá acontecer, então geralmente não sabe lidar". Ele afirma que muita gente resiste a rever suas escolhas e possivelmente mudar de profissão, mesmo que esse desejo se manifeste depois da crise. "A maioria das pessoas se habitua a uma rotina e a identifica como verdade. Não está aberta à transformação permanente que é a vida. As pessoas ficam com medo de perder o emprego quando ainda têm que pagar o apartamento, sustentar a família. É comum desperdiçarem a oportunidade de se abrir para sua vocação".

Em função dessa resistência, algumas pessoas, diz Byington, acabam vivendo o momento como se fosse a adolescência passada, deixando-se levar pelo que chama de "sombra", isto é, o "lado negro da personalidade, que leva os indivíduos a se separarem sem ter certeza de que é isso o que querem, a entrarem em relações promíscuas, a comprarem objetos de consumo por impulso, entre outras atitudes". Ele chama essa crise no jovem adulto de "adolescência da vida".

A crise dos 30 anos – mais precisamente dos 28 aos 33 – foi estudada por apenas um pesquisador, o psicólogo americano Daniel Levinson. Esta seria "a adolescência da vida adulta", como ele define nos livros *The Seasons of a Man's Life* e *The Seasons of a Woman's*

Life (As Estações da Vida de um Homem e As Estações da Vida de uma Mulher, em tradução livre – ainda não publicado no Brasil) e consiste em uma primeira grande mudança de vida. Para o autor, esse momento estimula uma reavaliação das escolhas feitas até então. Promove, portanto, a oportunidade para reflexão, o crescimento e um redirecionamento da própria trajetória. "O desenvolvimento humano pode ser entendido como um processo contínuo, dinâmico e demarcado por distintas etapas ou ciclos", afirma Levinson. "Estes ciclos são períodos estáveis de construção da estrutura de vida. As transições de um ciclo para outro são pontes entre dois estados de estabilidade e envolvem um processo de mudança de uma estrutura para outra e, assim, podem ser marcados por crises quando as mudanças requeridas são intensas".

Em sua obra, Levinson descreve as fases da vida que, em sua teoria, são chamadas de "Eras". O conceito é bastante amplo e envolve o desenvolvimento biológico, da personalidade e da carreira. Entre os períodos que ele chama de "estáveis", há as etapas de transição, que servirão de ajustes e base para as novas possibilidades e oportunidades de desenvolvimento. A transição se constitui em como uma zona fronteiriça que envolve necessariamente um processo de mudança e adaptação e não é determinada de forma cronológica.

Processos de transformação de qualquer natureza não costumam ser fáceis. Mudar envolve olhar para a própria vida de fora, como um observador externo. Ao fazer isso, a comparação é inevitável. Em muitas das histórias que ouvi durante a minha investigação, um ponto se repetia: um dos gatilhos para a crise profissional era a constatação de que os colegas e amigos, da escola e da faculdade, estavam "na frente", enquanto a pessoa se sentia "para trás" e, de alguma forma, inferiorizada. Um amigo que ganha um salário muito maior, outro que casou e já teve filhos, ou ainda alguém que comprou uma casa.

No início da vida profissional, até os 26 ou 27 anos (em média, cinco anos após a formatura da faculdade), a sensação é de que todos estão crescendo mais ou menos ao mesmo tempo, na mesma velocidade. Apesar dos diferentes caminhos profissionais, ainda há uma percepção maior de equivalência dos estágios da vida. Ao se aproximar dos 30, os caminhos de cada um parecem se descolar. Alguns disparam, outros paralisam e, entre um extremo e outro, há diferenças em intensidades variadas. Aos 30, há um convite mais claro para descobrir sua real identidade, sua potencialidade e o seu verdadeiro caminho. Ou para entrar de vez na engrenagem social, cumprindo as etapas que os outros esperam que você cumpra sem se apropriar realmente das escolhas e se responsabilizar pela própria vida.

Algumas pessoas fazem esse balanço por convicção, outras porque realmente já passaram de seus limites. Ao mesmo tempo que já amadureceram e deram frutos no aspecto profissional, em outras esferas podem continuar imaturas porque não foram mobilizadas. Existem outras fragilidades que não habitam a casa da carreira. Essas fragilidades nascem da compensação em relação ao excesso de energia destinada às conquistas profissionais, típicas da primeira metade da vida.

As mudanças, nessa fase, não se resumem aos aspectos intelectuais e psicológicos. O organismo de quem se aproxima dos 30 anos também dá sinais de transformação. O corpo atinge seu ápice de desenvolvimento e começa, então, um lento declínio que marcará as décadas seguintes. Existem mudanças biológicas que acontecem a partir dessa faixa etária: mudanças biológicas são as primeiras a serem percebidas. "A terceira década de vida marca o término da fase de desenvolvimento do corpo', diz Dr. Wilson Jacob Filho, do serviço de Geriatria do Hospital das Clínicas de São Paulo. Até aqui, atingimos o máximo que o nosso corpo poderia dar. E aí começa o processo de decadência".

É possível analisar alguns impactos físicos dos 30 anos sob diversos aspectos: o aumento de olheiras, rugas, manchas e gorduras, entre outros.

Olheiras: como a produção de colágeno diminui, a pele fica mais fina e deixa transparecer os vasinhos da região dos olhos;

Rugas: também por falta de colágeno, a proteína que dá firmeza à pele, o rosto ganha rugas e marcas de expressão;

Manchas: aos 30 anos, o acúmulo da radiação ultravioleta já começa a dar sinais em forma de manchas na pele;

Gordura: o ritmo metabólico diminui, portanto, a tendência é aumentar o percentual de gordura no corpo e ganhar peso.

Embora a constatação de tantas mudanças, internas e externas, seja um ponto comum entre os adultos de 30 anos, a falta de clareza sobre o que significa essa fase da vida – pela perspectiva psicológica e biológica – pode aumentar a sensação de desencaixe. E, também, que as dúvidas, os questionamentos, os medos, os arrependimentos, os dilemas não são nada além de um descontentamento individual que remete às angústias da adolescência. Enquanto conduzia minha pesquisa, fui percebendo o quanto poderia ser útil uma análise, profunda e realista, sobre essa fase da vida. Logo entendi que, além da contribuição à literatura acadêmica, esse trabalho poderia exercer função social. Nem que fosse para servir de espelho e esclarecimento a tantos jovens adultos saturados de dúvidas e questionamentos.

Atravessar a fronteira dos 30 anos muitas vezes é um processo dolorido. Porém, pode ser também positivo e fortemente transformador. Uma grande oportunidade de mergulhar em si mesmo a convite da crise para, então, reorganizar e ressignificar as experiências do passado e os projetos do futuro.

Eu afirmo: encarar a próxima fase, o crescimento e tudo o que vem com ele vale a pena. Vem comigo que no caminho eu te explico, tenha coragem! Está pronto? Nunca estamos, mas não há escolha, temos que crescer, a vida só tem um sentido: para frente!

capítulo 3

Em qualquer tempo

Algumas experiências internas independem da época e do contexto em que se vive. Em certa medida, ter 30 anos significa ter 30 anos – e ponto. Não importa o país em que se vive, se a época é mais marcada pelo cientificismo ou pelo interesse artístico, quem são suas companhias... Normalmente, esse período é a "passagem do meio", conceito desenvolvido pelo psicólogo americano e Ph.D. James Hollis, diretor executivo da Sociedade Jung de Washington. Essa passagem, segundo ele, é a oportunidade de reexaminar a vida e se abrir a novas possibilidades. É como um rito de passagem entre a adolescência prolongada da primeira idade adulta e o inevitável encontro com a velhice e a mortalidade. "Os tremores sísmicos frequentemente ocorrem no final da casa dos vinte anos", afirma Hollis[1]. No entanto, nem sempre os "terremotos" conseguem abalar as estruturas construídas ao longo de três décadas. Por quê? "É muito fácil deixarmos de dar

---

1 No livro *A Passagem do Meio: da Miséria ao Significado na Meia-idade*.

atenção a eles [os "tremores sísmicos"] nessa época. A vida está no auge; a estrada à frente acena; são fáceis as mudanças rápidas, um maior esforço e mais energia – e desprezamos os avisos".

Em outras palavras, é como se, com a aproximação dos 30 anos, houvesse um chamado natural, convidando o indivíduo a um mergulho mais profundo, a uma revisão das escolhas passadas e futuras. Porém, a sensação de que ainda há muito tempo pela frente faz com que muitos desperdicem facilmente essa oportunidade. Apesar dos questionamentos, desconfortos, mudanças de ideia, optam por seguir em frente, sem ao menos dar uma paradinha para olhar para trás, conferindo o caminho já percorrido. Esse processo, não raro, ocorre de maneira inconsciente. A voz interior fala tão baixinho que muita gente nem mesmo a escuta. Passa batido.

Em função dessa tendência a resistir ou a ignorar o chacoalhão dos 30 anos, é comum que essa fase da vida seja marcada por um evento externo, sobretudo ligado a perdas, segundo Hollis. De repente, a vida parece dar uma rasteira em quem está ensimesmado, insistindo em seguir viagem a despeito de o caminho escolhido estar ou não alinhado aos seus valores essenciais. Foi possível identificar, na maioria dos depoimentos que ouvi para a elaboração deste livro, um ou mais fatores externos que desencadearam crises. Doenças, demissões, fins de relacionamentos, pedidos de divórcio, entre outros fatores, costumam ter o poder de forçar uma parada. Um acidente de percurso que, de uma hora para outra, tira o chão, relativiza o que era importante até então e dá a dimensão de que há muito mais eventos fora de controle do que se supunha.

De acordo com Hollis, aqueles que passam atentos pelos 30 trazem mais significado à sua vida, enquanto aqueles que não passam permanecem prisioneiros da infância, independentemente do sucesso aparente que possam ter no meio social. Continuam agindo a serviço dos outros e responsabilizando esses mesmos outros por suas frustrações. O convite da passagem do meio é tornar-se consciente, aceitar a responsabilidade da própria trajetória e arriscar-se a enfrentar a grandeza da vida à qual foi convocado.

Intimidade X isolamento

Alguns pesquisadores dividem o ciclo da vida em etapas marcadas por transformações comuns à maioria das pessoas. O psicanalista alemão Erik Erikson, por exemplo, foi o criador da Teoria do Desenvolvimento Psicossocial: um estudo sobre o ciclo de vida e suas etapas. Sua conclusão foi a de que o percurso de uma pessoa, do nascimento até a morte, passa por oito fases. A sucessão dessas fases de desenvolvimento é uma tentativa constante de equilíbrio entre a influência do ego (interna) e a influência das mudanças sociais (externa). Assim, a identidade de alguém vai sendo construída e lapidada ao longo do ciclo de sua vida. Cada uma das etapas recebeu um nome que contrapõe dois conceitos. Por exemplo, confiança X desconfiança (até 1 ano de idade), autonomia X vergonha e dúvida (1 e 2 anos) e iniciativa X culpa (4 e 5 anos). Em cada fase, segundo o autor, o indivíduo tem de ultrapassar um momento crítico, cujo resultado pode significar regressão ou progresso.

O período entre 20 e 35 anos diz respeito ao conflito intimidade X isolamento. Erikson considera essa a idade "adulta jovem", na qual, além da preocupação com o trabalho, existe uma questão em torno da construção de relações profundas e duradouras, que podem levar a pessoa a vivenciar momentos de grande intimidade e entrega afetiva. É o início da maturidade.

Os setênios

Outras teorias, desde a antiguidade, dividem a vida em fases de sete anos. O advogado e economista Jair Moggi e o engenheiro Daniel Burkhard descrevem a "crise dos talentos"[2] aos 28 anos, entre o quarto setênio (dos 21 aos 28 anos – fase emotiva) e o quinto (dos 28 aos 35 anos – fase racional). A crise dos talentos,

---

2 No livro *Assuma a Direção da sua Carreira*.

segundo eles, exige alguns resgates e a revisão dos potenciais e realizações. Em seguida, o quinto setênio é marcado por uma maior ponderação em relação aos anteriores e pelo desabrochar das habilidades sociais. Entre 30 e 33 anos, há o início de uma diferenciação entre a biografia interna (ser) e a biografia externa (ter). É nesse período igualmente que acontece um encontro ou acontecimento marcante que ajuda ou empurra no direcionamento para iniciar "o caminho do autodesenvolvimento de uma maneira consciente" – o tal do chacoalhão da vida. Ou, nas palavras de James Hollis, os "tremores sísmicos".

Um momento de transição

Há algumas descrições sobre esse período também na antroposofia, um método de entendimento da natureza do ser humano e do universo considerada uma linha complementar da medicina. A antroposofia foi fundada pelo filósofo e educador austríaco Rudolf Steiner, que buscou nos conhecimentos da antiga Babilônia a teoria dos setênios. Segundo sua teoria, os três primeiros setênios da vida desenvolvem os três corpos suprassensíveis do homem, isto é, o físico, o etéreo e o astral. Eles estão relacionados com o crescimento biológico, a liberação de forças para o pensar e a expansão das emoções, animosidades, simpatias e antipatias.

A partir do quarto setênio, aos 21 anos, o indivíduo passa a desenvolver os aspectos relacionados à sensação, à consciência e à razão.

O quinto setênio, determinado dos 28 aos 35 anos de idade, representa o auge da existência humana. É a fase de desenvolvimento da consciência, pela qual o indivíduo buscará seu propósito na vida. A antroposofia, por ser uma corrente de pensamento espiritualista, crê em uma hierarquia que explica seres espirituais como anjos e arcanjos que olham pela humanidade. Aos 28 anos, o anjo da guarda se afasta e o indivíduo entra na crise dos talentos. Nessa fase, a pessoa tende a refletir sobre as experiências e talentos que acumulou ao longo dos primeiros setênios, quando era criança e ainda não sofria influência das expectativas da família e da sociedade sobre o seu futuro.

Para a astrologia, que estuda a influência dos astros sobre o destino e o comportamento das pessoas, a idade entre os 28 e os 33 anos também representa um momento importante no ciclo da vida. Isso porque Saturno leva 29 anos para dar uma volta completa em torno do Sol. E esse é o planeta que simboliza o tempo, a autorresponsabilidade e o limite, por ser o último que pode ser visto a olho nu. Consequentemente, aos 29 anos, as pessoas tendem a tomar consciência das próprias limitações, de acordo com a astrologia. É quando se tornam efetivamente adultas e fazem uma revisão das escolhas feitas até ali, ligadas, por exemplo, aos relacionamentos e, muitas vezes, à carreira. A partir de então, ficam mais claros os desejos legítimos de cada um, descolando-se de uma bagagem acumulada por inércia ou por influência do meio.

Segundo a astrologia, para algumas pessoas, essa transição se traduz em realizações. É uma reafirmação das decisões tomadas anteriormente, com a celebração dos frutos que nasceram a partir do que foi plantado. Para outras, essa é uma passagem dolorida, o momento em que "cai a ficha" de que se é responsável pelas escolhas que se faz – e que talvez aquelas feitas até ali não tenham sido as melhores.

Nada pessoal

Além das questões relacionadas ao desenvolvimento psicológico de cada um, há o impacto das convenções sociais. Um indivíduo que hoje tem 30 anos é geralmente o mesmo que aos 17 teve de decidir o curso que faria na faculdade. O peso dessa decisão é grande: a profissão que gostaria de seguir pelo resto da vida. Depois de pouco mais de dez anos de carreira, período acumulado por muitas pessoas na faixa dos 30, não é tão simples considerar uma mudança de escolha. Muitas vezes, o apartamento está comprado, o casamento está no início e se usufrui de certa reputação no mercado de trabalho. Abrir mão de uma carreira para começar outra pode implicar perdas e retrocessos, inclusive de posição, salário e prestígio.

Mas isso vem mudando ao longo do último século. O administrador Alfredo Motta, diretor geral da agência Namosca, especializada em marketing para jovens, acredita que o comportamento e as motivações das novas gerações não mudaram dos *baby boomers* (nascidos a partir da segunda década de 1940) para a geração Y (nascidos nos anos 1980). O que mudou, sim, foi a disposição em questionar o *status quo*. "A intensidade é típica de todo jovem. Assim como o caminho de buscar primeiro fazer parte do grupo e, depois, se destacar nele. Não vejo isso como algo que mudou. É uma construção normal de todas as gerações. Mas talvez as pessoas estejam mais preparadas para abrir um pouco mão do trabalho e de status por qualidades e experiências mais interessantes. Talvez isso esteja mais bem resolvido para os jovens de hoje. Parece que está se dissolvendo a culpa por ter tantos momentos de prazer e eventualmente trabalhar menos, por exemplo".

É possível que a vontade de mudar, de jogar tudo para o alto, de fazer diferente existisse com a mesma intensidade nas gerações que hoje já passaram dos 30 e naquelas que têm essa idade agora. Porém, há 50 anos, não havia espaço para discussões nem "planos B". Nem tudo parecia possível. Não tínhamos tantas possibilidades e, em muitos casos, o caminho já estava pré-determinado.

O que você vai fazer com a liberdade que nossos pais e vós lutaram tanto para que tivéssemos? Você é livre para escolher, e agora? Quem poderá nos salvar?

capítulo

Uma geração líquida

Completar 30 anos na segunda década dos anos 2000 trouxe algumas peculiaridades. As pessoas que nasceram nos anos 1980 cresceram junto com a tecnologia. Quando tinham por volta dos seus 15 anos, começaram a se familiarizar com recursos hoje tão corriqueiros como e-mail, os sistemas de busca virtuais e todas as possibilidades de encurtar o tempo e aproximar as distâncias que a internet trouxe para a humanidade.

As novas ferramentas de pesquisa e comunicação impactaram na organização do mundo e nas relações sociais como um todo. Iniciou-se um processo de democratização da informação e, consequentemente, do conhecimento. Conteúdos antes restritos a livros impressos e bibliotecas físicas se tornaram acessíveis por meio de um clique.

Uma área fortemente impactada pelo avanço da tecnologia foi a medicina. Pessoas diagnosticadas com doenças antes incuráveis ganharam novas esperanças, com o desenvolvimento de tratamentos até então inéditos. Foram feitas descobertas sobre substâncias e hábitos que fazem bem ou mal à saúde. Remédios foram desenvolvidos. Manter a jovialidade do corpo passou a ser um objetivo até certa medida ao alcance do bisturi e do laser, além das várias formas de medicina alternativa e dos novos hábitos alimentares.

A expectativa de vida também se prolongou. Entre 2000 e 2015, o tempo médio de vida no mundo aumentou cinco anos – o maior crescimento desde os anos 1960. Por volta de 2016, a média de vida global era de 71,4 anos, segundo a Organização Mundial da Saúde (OMS). No Brasil, esse número era ainda mais alto: 75,2 anos, de acordo com o Instituto Brasileiro de Geografia e Estatística (IBGE). Em 1980, a expectativa no Brasil era de 62 a 71 anos, quase dez anos a menos.

Ao longo de 30 anos, a globalização consolidou-se. Os países trocam entre si mercadorias, trabalhadores e cultura. Um container que sai da China hoje, por exemplo, chega ao Brasil em 45 dias, ou menos. Em certos contextos, o relógio perdeu o sentido, já que os fusos horários se ajustam a diferentes agendas em países distantes fisicamente.

A partir da década de 1980, a mulher entrou com mais força no mercado de trabalho. Esse movimento começara um século antes, entre 1820 e 1840, como consequência da Revolução Industrial, com a necessidade delas contribuírem com a renda de casa.

Mas mudanças no contexto profissional impactaram, principalmente nos últimos 50 anos, os arranjos familiares, que antes tinham os papéis masculino e feminino claros e determinados. Com a mulher trabalhando também fora de casa, sua responsabilidade exclusiva pelas tarefas domésticas passou a ser, no mínimo, questionada e debatida.

As mudanças no mundo no século XXI configuraram o que ficou conhecido como a Era do Conhecimento. O sociólogo polonês Zygmunt Bauman[3] faz uma reflexão sobre a insegurança e as incertezas, sobretudo nas grandes cidades, como consequência das principais mudanças que estão acontecendo (pelo menos nos países desenvolvidos do planeta). Essas transformações criam um ambiente novo, sem precedentes para as atividades da vida individual e trazem uma série de desafios novos. Uma das questões da contemporaneidade abordadas por Bauman é a passagem da fase "sólida" da modernidade para a "líquida". Refere-se à condição nas quais as organizações sociais, (estruturas e instituições que asseguram a repetição de rotinas e padrões de comportamento convencionados) não podem mais – nem devem – manter sua forma por muito tempo. Essas organizações, como descritas por Bauman, se decompõem e se dissolvem em menos tempo do que o necessário para se moldarem e se estabelecerem.

---

[3] No livro *Tempos Líquidos*.

As formas existentes não podem servir como referência para as ações ou o planejamento do futuro.

Além da passagem da modernidade "sólida" para a "líquida", Bauman aborda quatro pontos que expressam as mudanças na base da organização da sociedade:

1 – A separação e o iminente divórcio entre o poder e a política;

2 – A retração ou a redução gradual, embora consistente, da segurança comum, endossada pelo Estado;

3 – O colapso do pensamento, do planejamento e da ação a longo prazo, e o desaparecimento ou enfraquecimento das estruturas sociais nas quais estes poderiam ser traçados com antecedência;

4 – A responsabilidade em resolver os dilemas gerados por circunstâncias voláteis e constantemente instáveis é jogada sobre os ombros dos indivíduos.

O terceiro ponto – o colapso do pensamento, do planejamento e da ação a longo prazo – refere-se ao fato de que cada passo dado é um novo passo, sem garantias ou respostas prontas e, especialmente, a ideia de que sucessos passados não aumentam, necessariamente, a probabilidade ou a garantia do sucesso futuro. No quarto ponto descrito por Bauman, sobre a responsabilidade de cada um sobre os dilemas dos tempos atuais, aparece a ideia de que os indivíduos devem suportar plenamente as consequências de suas escolhas. É a autorresponsabilidade. Mesmo não tendo os riscos sob controle, não há o que fazer. "A virtude que se proclama servir melhor aos interesses do indivíduo não é mais a conformidade às regras (que são, em todo caso, poucas e contraditórias), mas a flexibilidade, ou seja, a prontidão em mudar repentinamente de tática e estilo, abandonar compromissos e lealdades, sem arrependimento. É buscar oportunidades mais de acordo com sua disponibilidade atual, do que com as próprias preferências", afirmou o sociólogo.

Instituições e estudiosos corroboram aspectos da tese de Bauman. Um dos mais emblemáticos centros de pesquisa contemporânea sobre as tendências do mundo corporativo é a *Singularity University*, na Califórnia. Trata-se de uma instituição de ensino e desenvolvimento tecnológico e inovação. Seu objetivo é antecipar e resolver os problemas do futuro. Ela defende a inspiração, o empoderamento e o aperfeiçoamento de líderes de diferentes países para desenvolver serviços e produtos que solucionem gargalos em áreas com grandes desafios para a humanidade, como saúde, meio ambiente, energia, comida, tecnologia e governança.

A *Singularity* aponta para a ideia de que o mundo corporativo do jeito que é hoje, tende a se dissolver por diversas razões. Entre elas, o excesso de controle, no momento em que o mundo está estabelecendo um sistema de organização em rede. O modelo piramidal de concentração de poder não funciona nesse novo universo. É obsoleto, incompatível com o mundo atual e o do futuro. Na visão de quem estuda essa transformação, as corporações terão que se tornar pequenos organismos para que possam se adaptar à realidade contemporânea.

A consultora russa Anna Tavis[4], professora da Universidade de Nova Iorque, defende a ideia de que o mundo caminha para uma economia sem empregos – ao menos da forma como os conhecíamos até pouco tempo atrás. O mundo dos negócios tem funcionado basicamente de maneira hierárquica, competitiva e individualista. Mas a nova economia dá sinais de que será colaborativa, personalizada e voltada a propósitos. Cada vez menos, as pessoas precisarão estar fisicamente presentes nas empresas ou países onde trabalham. Isso leva ao fechamento de alguns cargos. Anna faz parte da corrente que acredita que não se pode mais depender de emprego, mas, sim, deve-se criar oportunidades para que as pessoas tenham os próprios negócios. Segundo ela, essa transformação já está nitidamente em curso nos Estados Unidos.

Novos tempos

O avanço da tecnologia, a necessidade de altos investimentos na formação para garantir a empregabilidade, a globalização e a imprevisibilidade atuais

---

4 Anna Tavis é doutora em filosofia, Ph.D. em literatura comparativa e fundadora da consultoria *GlobalLabPlus*.

facilitam a compreensão de questionamentos de quem vive neste contexto, relacionados aos seus esforços e recompensas. Há alguns anos, era comum que pessoas com diploma universitário tivessem um emprego garantido. Era normal que o reconhecimento, o crescimento e o desenvolvimento dentro de uma organização viessem de acordo com a dedicação e com os anos trabalhados. As mudanças na gestão das empresas estão possibilitando um crescimento mais rápido. O reconhecimento passou a acontecer por entrega de resultados e não mais por tempo de casa.

De fato, o cenário social se modificou e novos contornos resultantes das transformações da pós-modernidade estão surgindo. Essas mudanças impactaram na forma como as pessoas se relacionam com a família, com o trabalho, com as escolhas, consigo mesmas e com as suas carreiras. O sociólogo e historiador norte-americano Richard Sennett afirma que as constantes transformações fazem com que as pessoas não criem uma relação de confiança entre si e com instituições, pois é muito difícil pensar a longo prazo. Por esse mecanismo, a tendência é pensar mais nos ganhos imediatos, ao fazer suas escolhas. A partir de entrevistas realizadas com executivos nos Estados Unidos, Sennett escreveu o livro *A Corrosão do Caráter – Consequências Pessoais do Trabalho no Novo Capitalismo*. Ele assinala a questão do curto prazo e das mudanças como os aspectos que mais influenciam os trabalhadores.

Para o autor, o desenvolvimento do caráter depende de estabilidade, confiança, ajuda mútua e comprometimento, e esses aspectos ficam abalados diante de uma economia dinâmica, de mudanças frequentes e cenários de instabilidade. "Caráter é o valor ético que atribuímos aos nossos próprios desejos e às nossas relações com os outros". Segundo ele, a dimensão do tempo do novo capitalismo afeta a vida emocional das pessoas fora do local de trabalho. À medida que não há longo prazo, não há comprometimento e sacrifício.

O sociólogo francês Alain Touraine estuda a sociologia do trabalho e os movimentos sociais e considera a queda das Torres Gêmeas, nos Estados Unidos, em setembro de 2001, uma ruptura, um marco de mudança global. Segundo ele, o ataque impactou os dias atuais e as novas gerações em relação às mudanças na forma de pensar e de se relacionar. Desde então, a economia passou a ser global e houve o triunfo do individualismo sobre o universo social. "A destruição da ideia de sociedade só pode nos salvar de uma catástrofe se levar à construção da ideia de sujeito, à busca de uma ação que não procure nem o lucro nem o poder nem a glória, mas que afirme a dignidade de cada ser humano e o respeito que ele merece"[5].

No contexto de tempos "líquidos", com mudanças frequentes, no mundo do curto prazo, outras questões

---

5 No livro *Um Novo Paradigma: Para Compreender o Mundo de Hoje*.

pertinentes à realidade das pessoas que estão na transição dos 30 anos influenciam, direta ou indiretamente, as escolhas ligadas à carreira. Casar ou não, ter filhos ou não, qual o momento certo para fazer uma transição, sair da casa dos pais ou permanecer ali. Essa liberdade de escolha é provavelmente a maior transformação com relação às questões das gerações anteriores.

Os pais das pessoas que hoje têm 30 anos, costumavam se casar mais cedo. Segundo o "Levantamento Estatístico do Registro Civil", divulgado em 2013 pelo IBGE, os brasileiros estão indo cada vez mais tarde para o altar. A idade média dos solteiros na data do casamento que era de 26 anos para os homens em 2002, subiu para 28 anos, em 2012. Já entre as mulheres nesse mesmo período, a idade média no dia do casamento subiu de 23 para 25 anos. Em 2016, 29% das mulheres se casavam entre 25 e 29 anos de idade. Outros 20%, dos 30 aos 34 anos. Mulheres que se casavam entre 35 e 39 anos representavam 12,2% do total. Para os homens, segundo o IBGE, a idade no dia do casamento tem aumentado ainda mais: 31,3% dos noivos têm entre 25 e 29 anos de idade e 24,6%, entre 30 e 34 anos. Os que estão na faixa de 40 a 49 anos correspondem a 18,2% dos casados, em 2012. Dez anos antes, em 2002, esse índice era de 9,1%.

Com a tendência de adiar o casamento e a chegada dos filhos, o foco de muitos adultos jovens acaba sendo a carreira. Parece um mantra: "primeiro vou resolver minha vida profissional". Isso acontece em um contexto de transformações, em que, consequentemente, há uma tendência de que os indivíduos se voltem para si mesmos, para a revisão da própria capacidade de agir e lidar com as situações pelas quais serão responsabilizados e cobrados.

A carreira é da pessoa, não da empresa

As sociedades e organizações "líquidas" trazem insegurança em várias esferas da vida. Com isso, vem a perda de referências de estruturas sociais e ideológicas mais estáveis, como antigamente. Na empresa, o discurso é que a responsabilidade pela carreira é do funcionário. Esses aspectos geram impactos físicos, emocionais e mentais, como ansiedade, insegurança e estresse. Sendo assim, para que consigam se orientar nesse contexto, as pessoas precisam criar padrões próprios que tragam alguma sustentação.

Uma das principais características dos tempos "sólidos", em oposição aos tempos "líquidos" descritos por Bauman, é a sensação de estabilidade e segurança. No universo do trabalho, o crescimento na carreira era encarado como uma responsabilidade da empresa – e não do funcionário. Não à toa, pais e avós de pessoas que têm por volta de 30 anos, quando jovens, almejavam conseguir um bom emprego em uma boa empresa e lá permanecer até o momento da aposentadoria. Um objetivo totalmente factível até os anos 1970. De modo geral, não era preciso se destacar como profissional, inovar, criar, adaptar-se, ter disponibilidade para morar em outro país nem outros atributos que, nas décadas seguintes, tornaram-se diferenciais competitivos, em um mundo com muito mais demandas.

A própria palavra "carreira" passou por transformações de interpretação, ao longo das últimas cinco décadas seguintes. O sociólogo americano Everett Hughes, fez a distinção entre a carreira relacionada a uma estrutura social (sequência de posições ocupadas) e a carreira considerada a partir das percepções e interpretações individuais sobre os acontecimentos[6]. Assim, carreiras podem ser analisadas de forma objetiva ou subjetiva.

O psicólogo Douglas T. Hall[7], da Universidade de Boston, divulgou o conceito de carreira "proteana": que se baseia no autodirecionamento e na busca do sucesso psicológico. Neste modelo, o indivíduo, e não a empresa, assume a responsabilidade pela carreira, as suas mudanças e sucesso individual envolvem elementos subjetivos. Ele e a pediatra e Ph.D. Dawn Chan-

---

6 No livro *Men and Their Work* (Homens e seus trabalhos).
7 No livro *Careers In and Out of Organizations* (Carreiras dentro e fora das organizações).

dler[8], da Universidade de Ohio, concordam com a ideia de que a responsabilidade sobre a carreira deixa de fato de ser função da empresa, com caminho já traçado, para ser responsabilidade do indivíduo.

O psicólogo, professor doutor da USP, Marcelo Afonso Ribeiro[9] fez uma comparação das principais mudanças em relação ao modelo tradicional de carreira e os seus princípios norteadores, que vêm se desenhando desde a década de 1970. Entre as mudanças identificadas por ele, estão a segurança, a estabilidade e a certeza, que faziam sentido quando o trabalho era fixo e conservador, com função específica e, portanto, pouca mudança e mobilidade. Essa condição mudou, e hoje o contexto de trabalho remete à insegurança, instabilidade e incerteza. Isso porque o trabalho é aberto às mudanças constantes de função ou comporta múltiplas funções, os trabalhos por projetos.

Ribeiro também menciona a mudança de uma estrutura regida pela organização – vinculada, portanto, ao posto de trabalho – para outra, regida por fatores psicossociais, vinculada à relação entre o indivíduo e o trabalho. Segundo ele, a carreira deixa de ser um projeto de **estado** e identidade, isto é, um produto predeterminado a ser alcançado, para se tornar um projeto de

---

8 No artigo *Psychological Success: When the Career Is a Calling* (Sucesso psicológico: quando a carreira é um chamado).
9 No livro *Psicologia e Gestão de Pessoas: Reflexões Críticas e Temas Afins.*

ação e identidade, como um processo de construção de uma estratégia de identidade.

A psicóloga Danilca Galdini, da DMRH/Cia de Talentos, acompanhou de perto essas mudanças desde o final dos anos 1990, nas empresas para as quais prestou consultoria. Ela concorda que a carreira deixou de ser exclusivamente determinada pela organização e passou a ser construída também pelos profissionais, individualmente, em função de três fatores. O primeiro é a instabilidade do mercado. Essa realidade potencialmente transforma investimentos em custo. O que uma companhia gasta, por exemplo, para formar e treinar um funcionário é desperdiçado se, ao fim de um curto período, esse funcionário deixar a empresa – e pode ainda fortalecer a concorrência, uma vez que um profissional mais bem preparado vai para o mercado. "É caro investir nas pessoas", afirma Danilca. "Antes, investia-se nas pessoas seguindo o raciocínio 'você entrou aqui como office boy e ficará aqui pelo resto da vida'. Quando isso deixa de ser uma tendência, o preço do investimento pode se tornar alto demais".

O segundo fator é a instabilidade da própria empresa, que passa por constantes reformulações e não pode garantir a vaga para os mesmos profissionais dali a meses ou anos. Nesse caso, o investimento também é desperdiçado, mas provocado pela organização. "Para crescer, as empresas precisam fazer reestruturações, cortes, ajustes, então já não se têm certeza se terão espaço para todos os funcionários no futuro. É preciso ponderar os riscos".

O terceiro fator apontado por Danilca é o aumento de oportunidades que temos hoje. Desde um maior número de profissões, que antes do avanço tecnológico não fariam sentido, ou não existiam, até uma flexibilidade maior para mudanças de indústrias ou de área dentro da mesma empresa. "Agora é preciso perguntar para o funcionário com qual trabalho ele se identifica mais", diz ela. "Isso leva o profissional a se corresponsabilizar pelo desenvolvimento de sua carreira".

Desencontro de expectativas

Grande parte das empresas não está preparada para essa nova relação entre funcionário e organização, segundo Alfredo Motta, da agência Namosca. Ele observa que as companhias, de modo geral, conduzem seus tradicionais programas de trainee na expectativa de atrair jovens talentos que farão carreira na empresa. Mas essa expectativa não é a mesma dos recém-formados. "Os jovens estão querendo experimentar. Eles pensam: 'Quero conhecer várias empresas diferentes, depois morar fora e, quem sabe, voltar a estudar, mudar de profissão'... Enquanto isso, as empresas continuam buscando pessoas que ficarão ali por dez anos. Então, há um grande desencaixe de expectativas".

Segundo ele, até poucos anos atrás, as marcas ainda conseguiam exercer uma forte atração sobre os jovens. "Com o crescimento das redes sociais e o aumento das relações superficiais, as pessoas tendem a se sentir mais sozinhas", afirma Alfredo. "As empresas ocupavam esse espaço, atraindo-as a vestirem suas marcas e se sentirem seguras, pertencentes a um grupo". Mas isso vem perdendo a força, com o maior acesso à informação e opções de produtos e, consequentemente, a queda de fidelidade às marcas. "Você vê em sua rede social um milhão de chamadas diferentes e fica como um camaleão, a cada momento se identifica com o discurso de uma marca diferente. Os ciclos de produtos hoje em dia passam muito mais rapidamente".

As marcas, por sua vez, não estão paradas. Seguem tentando se adaptar ao novo cenário e ao novo perfil de profissional. Segundo Alfredo, a tendência mais recente é a tentativa de mostrar boas intenções por trás de produtos e serviços. "As marcas estão querendo se humanizar e ser politicamente corretas. Antes, eram mitos, tinham a ver com a busca pela perfeição, que é o ideal do homem moderno. Agora, na pós-modernidade, estamos desistindo da tentativa de perfeição e assumindo que somos falíveis, que erramos, sofremos, temos vulnerabilidades". Isso não significa que as companhias necessariamente reviram seus propósitos. Muitas estão apenas buscando um discurso, uma forma de se adaptar à realidade atual da porta para fora, segundo Alfredo. "A principal mudança é que historicamente as marcas sempre ditaram padrões, comportamentos, estéticas, e agora as vemos correndo atrás de uma sociedade que as deixou falando sozinhas".

Os efeitos colaterais da liberdade

Mas, por que essa inversão na ordem dos fatores? Que outros elementos impactam no contexto em que hoje vivem as pessoas de 30 anos? Se focarmos nas classes sociais mais ricas, o americano John Davis, professor de Harvard e fundador da *Cambridge Family Enterprise Group*, consultoria pioneira em empresas familiares, considerado a maior autoridade em empresas familiares no mundo, tem algumas respostas. Ele fez um levantamento, por meio de sua consultoria *Cambridge*, sobre a geração dos Millennials (nascidos entre os anos 1980 e início dos 2000). Em uma apresentação ao Fórum HSM, citou as forças sociais que influenciaram a formação desses jovens: o terrorismo, marcado pelo ataque às Torres Gêmeas; os escândalos públicos (entre eles, os políticos); a recessão global e os índices de desemprego; a menor segurança no trabalho e lealdade das empresas; o crescimento da diversidade na sociedade; e o advento das redes sociais, entre outros.

Em um âmbito privado, essa geração sofreu influência da superproteção e, ao mesmo tempo, do alto índice de divórcio dos pais; do fato de terem aprendido desde cedo a construir currículos e a competir por posições escassas; de serem tratados pela família como pessoas "especiais"; e premiados com troféus em competições escolares, esportivas e outras. Os jovens da elite tiveram, em geral, pouca experiência com fracassos – sempre protegidos deles. Desde crianças, lidavam com agendas repletas de atividades, como aulas de idioma, esporte ou instrumentos musicais; e liberdade para tratar os pais "de igual para igual", muitas vezes desrespeitando a autoridade natural.

Segundo Davis, os Millenials representam 25% da população mundial e 80% da força de trabalho. São pessoas que buscam significado para a vida profissional além de remuneração e que querem "fazer a diferença". Demandam flexibilidade para criar a própria rotina de trabalho – não mais necessariamente as tradicionais oito horas por dia. Buscam carreiras fora do convencional e projetos que reconheçam seus talentos. Seu compromisso é menor com as organizações e maior consigo mesmos, em quem preferem investir. Com isso, tendem a respeitar menos a experiência de vida alheia e mais as próprias vontades.

Em 20 de maio de 2013, a revista americana *Time* trouxe a seguinte chamada de capa para se referir à Geração Millenium: "*The Me Me Me Generation*" (A geração "eu, eu eu"). A reportagem começa com dados que remetem a uma geração autocentrada demais. "A incidência de transtorno de personalidade narcisista é quase três vezes maior em pessoas que têm por volta de 20 anos do que em pessoas com 65 anos ou mais, de acordo com o *National Institutes of Health* (Instituto Nacional de Saúde); 58% mais estudantes da faculdade tiveram uma pontuação maior na escala de narcisismo em 2009 do que em 1982. Os Millennials ganharam tantos prêmios de participação durante a infância que um estudo recente mostrou que 40% deles acreditam que devem ser promovidos a cada dois anos, independentemente do desempenho. São obcecados por fama: três vezes mais garotas do ensino médio pretendem, quando crescerem, ser assistentes pessoais de alguém famoso do que as que querem ser senadoras, de acordo com um levantamento de 2007; entre elas, quatro vezes mais prefeririam o trabalho de assistente de famosos em vez de CEO de uma grande corporação."

O texto segue, listando dados em tom crítico. No fim do primeiro parágrafo, uma comparação entre a expectativa dos jovens e a realidade em que viviam uma década depois: "A organização sem fins lucrativos *Families and Work Institute* (Instituto de Família e Trabalho) reportou que 80% das pessoas com menos de 23 anos queriam um dia ter uma profissão com grande responsabilidade, 10 anos depois, apenas 60% tinham."

No Brasil, muita gente hoje na faixa dos 30 anos tem experimentado a frustração dos planos que marcaram o início da vida adulta. O estudo realizado pela empresa brasileira Pesquisaria, mencionado no primeiro capítulo, dá alguns sinais de como as dificuldades econômicas – decorrentes de uma crise que se intensificou no começo deste século e com o aumento do custo de vida ao longo dos últimos anos – impactou os jovens e suas carreiras. Uma das principais conclusões da pesquisa foi a de que poucos conseguiram ter uma realidade financeira compatível com as suas aspirações. "Salvo raríssimas exceções, a grande maioria afirma que o maior de seus problemas é o dinheiro, ou, na verdade, a falta dele. Os entrevistados ainda não são realizados e sentem que ainda há um longo caminho a percorrer nesse sentido." Quando questionados sobre o nível da satisfação financeira, 70% respondeu "baixa"; 23%, "média"; e apenas 7%, "alta". Oitenta e seis por cento afirmam que "a busca de estabilidade financeira é a grande questão da minha vida hoje". Na minha experiência com os atendimentos, analisando trajetórias e a minha própria história, tenho uma opinião muito clara com relação a esse aspecto: sempre queremos mais. Sempre vamos querer mais. Somos humanos. Basta uma reflexão simples: lembre-se do bar que você frequentava na época da faculdade. Provavelmente no ano seguinte após formado, ou após alguns meses recebendo salário como formado e não mais como estagiário, você quis começar a frequentar outros lugares e; é assim com tudo. É uma característica humana querer mais, buscar conforto. E não há nada de errado nisso desde que não seja uma busca incessante com um fim em si mesma, ou seja, o dinheiro pelo dinheiro.

Quem tem 30 anos hoje e nasceu em uma família classe média ou alta, cresceu com permissão para ser e fazer o que gostaria, mais do que as gerações anteriores. Muitos ouviram dos pais que "receberiam tudo aquilo que eles não tiveram na sua idade". Foram levados e buscados nas portas de baladas por questão de segurança. Ganharam mesada desde cedo. Podiam compartilhar suas opiniões na mesa do jantar, muitas vezes, usando termos e tom de voz bem longe dos considerados adequados pelos mais velhos. Enfim, foram premiados com uma liberdade sem precedentes. Mas parece que ninguém – nem pais, nem filhos – estava preparado para os efeitos colaterais que a liberdade carrega em si. Cheios de expectativas, foram todos pegos de surpresa quando a conta chegou. E a conta sempre chega. Costumo falar para meus orientandos que um dia, bem distante, naquela hora que ninguém gosta de pensar, no dia que formos dessa para melhor, batermos as botas, partirmos deste mundo, o que realmente terá importado? O acerto será com alguém: com VOCÊ! Não será com os pais, avós, irmãos, chefes. Não. A conta chegará para VOCÊ.

Todas as possibilidades do mundo

Grande parte dos dilemas dos jovens de 30 anos está relacionada à liberdade de escolha. Escolher é difícil, mas como minha mãe sempre diz, reproduzindo a sabedoria do meu avô: não escolher ou não poder escolher é muito pior. Uma liberdade pela qual as gerações anteriores lutaram e que agora, tardiamente conquistada, concedem aos seus filhos como uma herança valiosa. No entanto, o que para os mais velhos representa um direito duramente concedido, para os mais novos é um ponto de partida. É a vida como ela é e sempre foi. O mínimo que a realidade deve oferecer.

Os jovens da classe média e alta cresceram em ambientes em que conforto, segurança e opções eram palavras e objetivos tão fundamentais quanto corriqueiros. Um dos indicadores dessa realidade é o prolongamento do tempo médio que os filhos, já adultos, permanecem nas casas dos pais. Segundo um levantamento feito pelo geógrafo Arlindo Mello para sua tese de mestrado na Escola Nacional de Estatísticas do Rio de Janeiro, 25% dos filhos que ainda moram na casa dos pais têm mais de 30 anos. Em 2015, 25,3% dos jovens entre 25 e 34 anos moravam com os pais, de acordo com o IBGE. Dez anos antes eram 21,7%. Embora haja um aumento, ele é menos intenso do que a percepção dos pesquisadores focados nas classes média e alta.

A saída tardia da casa dos pais deu origem ao termo "geração canguru", título de um artigo acadêmico[10] de autoria dos psicólogos Bernardo Jablonski, Célia Regina Henriques, especialista em terapia de famílias, e Terezinha Féres-Carneiro, terapeuta familiar e de casais.

Segundo eles, um dos motivos para essa permanência é a manutenção do status social que usufruem nessa estrutura. Sair da casa da família, em geral, significa assumir o aluguel, as contas de luz, água, telefone e todos os custos de uma vida independente. Os pesquisadores ressaltam que ficar na casa dos pais adia o caminho para a autonomia e os compromissos relacionados aos aspectos social e afetivo.

Se, por um lado, existe um alto investimento e possível crescimento rápido na carreira, devido aos novos modelos que não dependem mais do tempo de empresa, o jovem adulto que está na transição dos 30 pode, em contrapartida, permanecer imaturo em outras áreas de sua vida. "Estes jovens, apesar de considerados

---

10 *A Geração Canguru: Algumas Questões Sobre o Prolongamento da Vida Familiar* (2004).

aptos para a vida profissional – em vista de já terem alcançado uma faixa etária identificada com a conclusão dos estudos de graduação universitária – parecem ainda não estar prontos para a vida fora dos limites da casa paterna. Curiosamente, alguns dos representantes desta geração, além de já terem concluído seus estudos, são independentes financeiramente e possuem condições suficientes para assumir moradia própria, mas mesmo assim preferem continuar vivendo com os pais".

O fenômeno da **geração canguru** não é exclusividade dos brasileiros. Segundo a reportagem da revista *Vida Simples*, na Itália, por exemplo, jovens com esse comportamento ficaram conhecidos como "mammone", palavra derivada de *mamma*, a típica matriarca italiana. Na França, a Grande Recessão que começou em 2008, após a falência do banco norte-americano Lehman Brothers, e aumentou o desemprego no país contribuiu para a manutenção dos jovens no papel de filhos.

A adolescência dos adultos

Os comportamentos peculiares da geração dos 30 têm motivado estudos sobre um possível prolongamento da adolescência ou sobre uma segunda dose da fase típica da juventude. Hoje, há correntes que consideram que a adolescência começa por volta dos 11 anos e dura por tempo indeterminado. Um dos defensores dessa tese é o psicólogo paulista Yves de la Taille, autor do livro *Labirintos da Moral*, ao lado do filósofo e educador Mário Sérgio Cortella. Segundo Yves, todos os alunos de uma das suas turmas de primeiro ano de psicologia da USP levantaram a mão quando questionados se eram adolescentes. A maioria dos integrantes da sala tinha entre 20 e 23 anos. "Hoje, sair de casa é perder a liberdade. Porque sair de casa é pensar no que vou poder comprar, o que vou deixar de comprar etc. Hoje, a maioria dos jovens faz, na casa dos pais, absolutamente tudo o que faria se estivessem morando sozinhos, mas com as regalias de terem tudo pronto. Não precisam pagar, nem assumir todas as responsabilidades de seus atos", escreveu em seu livro.

A psicóloga Eloísa Penna dedicou-se a pesquisar esse período no mundo contemporâneo e o denominou **adultescência**[11]. Segundo ela, trata-se de um movimento típico do século XXI. Embora não tenha aspectos biológicos, como acontece na adolescência, é uma época marcada por conflitos de natureza psicológica, com implicações na vida social, nos campos profissional e nas relações interpessoais.

De acordo com a autora, tornar-se adulto hoje em dia não tem se mostrado uma tarefa fácil para boa parte da população jovem. Os fatores que contribuem para

---

11 No artigo intitulado *A caminho da maturidade no mundo contemporâneo – adultescência – etapa do processo ou crise na individuação* (2012), ainda não publicado.

o adiamento da maturidade podem ser o aumento da expectativa de vida, somado à valorização da juventude, característica da cultura contemporânea. Ela também ressalta a complexificação da psique humana, ao longo da história, que pode se expressar através da necessidade de mais tempo para o amadurecimento dos indivíduos. Eloísa afirma que a **adultescência**, mais do que um fenômeno cultural contemporâneo, pode configurar uma crise paralisante no processo de amadurecimento de uma pessoa – ou, na linguagem de Jung, no processo de individuação.

Indicadores de maturidade podem ser traduzidos de forma mais ampla em autonomia, ou seja, capacidade de autogestão nos vários âmbitos da vida, de construir uma história própria. Um dos aspectos importantes para alcançar a autonomia, por sua vez, é a capacitação profissional que propicie um trabalho produtivo.

O trabalho de Eloísa teve por base a observação de 85 adultos jovens com 18 a 35 anos atendidos entre 2003 e 2010, em psicoterapia. Ela constatou que os seus principais conflitos são a busca de um futuro produtivo, a luta pela inserção no ambiente social a que pertencem e a tentativa de alcançar autonomia. As queixas dos jovens foram agrupadas em duas grandes categorias: vocacional e/ou profissional; e emocional e/ou relacional. No aspecto profissional, os relatos se referiam a escolha da profissão, mudança no curso universitário ou área de trabalho e dificuldade de inserção no mercado. Mas sair da casa dos pais não apareceu como queixa principal, e muitos não atribuíram às questões financeiras o fato de ainda não terem saído.

Independência para quê?

O maior tempo de permanência na casa dos pais se tornou uma tendência em uma sociedade que mudou e, em certa medida, perdeu as referências que norteavam a organização das relações. As psicólogas Celia Regina Henriques, Terezinha Féres-Carneiro e Andrea Seixas Magalhães[12] atribuem o adiamento da independência contemporânea à instabilidade típica deste momento do mundo. "Na atualidade, tudo está sempre a ser permanentemente desmontado; não há perspectiva de durabilidade, as experiências de vida são quase sempre temporárias". A sociedade moderna, até pouco tempo, era marcada por instituições tradicionais como o Estado, a Igreja e a Família. Porém, "sucumbe diante da fragilização dessas instituições e abre espaço para um viver contemporâneo em que valores e referências estáveis confrontam-se com a rapidez e a provisoriedade dos fatos".

Nas gerações anteriores, o casamento costumava

---

12 No artigo *Trabalho e família: o prolongamento da convivência familiar em questão* (2006).

ser o marco ou o motivo para sair da casa dos pais. As pressões sociais ainda existem, porém há a possibilidade de mais liberdade e flexibilidade, que ganham força quando associadas às mudanças no contexto profissional. O avanço da tecnologia e o aumento no número de possibilidades de profissões impactaram quem está no mercado. Indivíduos que estão na transição dos 30 anos, hoje, já conviveram com as altas demandas e altas exigências desde o início de sua vida profissional. Ainda eram crianças quando houve a abertura de mercado no Brasil. Esse contexto demandou mais qualificação, o que significa um maior investimento de tempo e dinheiro em sua formação. Sendo assim, muitos jovens optam por permanecer na casa dos pais por mais tempo, adiando o casamento ou a possibilidade de morar sozinhos.

O contexto de conforto no qual cresceram os jovens brasileiros de classe média e alta vai do momento político-econômico do país, ao ambiente familiar. A economia cresceu intensamente e, apesar de não ter sido apenas bonança, o saldo dos últimos 25 anos foi positivo. A renda média mensal dos brasileiros passou de R$ 641,00 no início dos anos 1990, para R$ 1.152,00 em 2014. O Produto Interno Bruto (PIB) subiu de R$ 11 bilhões em 1990, para R$ 5,5 trilhões em 2014. Inflação oficial (IPCA) perdeu força, desde 1994, quando atingiu 916% ao ano. Em 2015, o índice acumulou alta de 10,67%. Muitos jovens tiveram acesso a uma boa faculdade particular, ou a uma reconhecida universidade pública. O número de empregos, a riqueza e a sensação de estabilidade e segurança em relação ao futuro, consequentemente, aumentaram.

Desde 2008, no entanto, com a crise econômica desencadeada nos Estados Unidos e com reflexos no mundo todo, os que se aproximavam dos 30 anos sofreram a primeira experiência de recessão, baixa empregabilidade e dificuldades financeiras. A vivência do não ter – ou do não ter de forma tão fácil – é importante para o amadurecimento humano. Implica na superação dos próprios limites diante dos desafios externos. Por essa perspectiva, as dificuldades de uma nação podem ser oportunidades de crescimento para uma geração. É isso o que defende o administrador e empreendedor Alfredo Motta, da Namosca. Para ele, a crise econômica global teve um efeito colateral positivo sobre a geração dos 30. "Talvez tenha servido como um chacoalhão. Porque vejo essa geração com um comportamento quase fleumático, sem dar valor, por exemplo, para um emprego em uma grande empresa. Agora, enfim, acredito que estão se deparando com um elemento novo. No Brasil, passamos de uma realidade de pleno emprego para quase 11,8% de desemprego. Isso significa menos dinheiro e muita gente até voltando para a casa dos pais. A crise traz um pluralismo importante para o amadurecimento. A conjuntura atual está forçando algumas pessoas a se reinventarem, a mudarem rotas e direções." O desemprego de 11,8%

ao qual Alfredo se refere foi a taxa divulgada no terceiro trimestre de 2016 pelo IBGE, e se deve mais aos problemas político-econômicos internos do Brasil do que aos impactos da recessão mundial de 2008.

Prazer, sou um profissional!

Uma crise profissional nos dias de hoje representa mais do que apenas uma crise profissional. Isso porque o trabalho não se limita mais a uma área específica da vida, com hora para começar e terminar e objetivo único de ganhar dinheiro. A carreira, para muitas pessoas, se confunde com a própria identidade. Prova disso é o quanto se tornou comum apresentarem-se uns aos outros, dizendo a profissão. Por exemplo: "Este é o João, engenheiro". Quando aquilo pelo que nos reconhecemos está em cheque, a dimensão do dilema vai muito além de manter ou não manter um emprego.

O que queremos ser? Quem queremos ser? E quem somos de fato? São essas as perguntas por trás da escolha – ou das dúvidas – relacionadas à carreira na contemporaneidade. Quando essas questões são colocadas diante de inúmeras possibilidades, as decisões ganham um peso, muitas vezes, difícil de suportar. Escolher uma profissão ou a empresa em que se quer trabalhar é dizer "não" para incontáveis oportunidades. A saída, consciente ou inconscientemente escolhida por alguns, é adiar essa decisão o máximo possível. Outros acabam se deixando levar por idealizações sobre o trabalho. Alfredo Motta dá o exemplo de uma marca de tecnologia famosa e que exerce forte atração em função de sua imagem moderna, jovem, universal. "Assim como tantas outras, esta marca foi mercadologicamente construída para atraí-los. Mas, na verdade, eles não sabem o que significa trabalhar lá porque, não necessariamente, o que se mostra de maneira inspiradora é o que se vive no dia a dia."

Essa busca, inconsciente e inconsistente, leva a decisões da mesma natureza. Não raro, são escolhas que não se sustentam no tempo. Anos, meses ou até dias depois de começar em um novo emprego, algumas pessoas relatam a percepção de terem encontrado algo muito diferente do esperado. Porém, alguns aceitam que faz parte da vida. Outros, não sabem como reverter a situação, uma vez que não conhecem algo melhor para trocar. E, assim, sobre uma base pouco sólida começa-se a construir o futuro. "Há uma incompatibilidade institucional muito grande entre o mercado de trabalho e esse despreparo, essa ignorância e até essa inocência dos jovens. Eles, muitas vezes, não sabem como fazer escolhas consistentes no campo profissional", diz Alfredo.

Até os anos 2000, esse tipo de angústia se restringia principalmente às camadas mais altas da sociedade. Para os herdeiros de grandes patrimônios, a fartura de opções sempre foi uma realidade. Com a democratização do conhecimento, o dilema também foi distribuído para as camadas mais baixas. Até o começo dos anos 2000, o excesso de opções era limitado às pessoas com muitos recursos e quanto mais acesso, mais opções. Então, quanto mais educação e informação, independentemente da qualidade delas, mais a sensação de que há muita coisa disponível. Atualmente, vejo muita angústia pelo excesso de alternativas. Por exemplo: o curso a se fazer na faculdade. Há dez anos havia muito menos possibilidades. O excesso de opções causa, algumas vezes, mais paralisia do que atitude.

Parte da dificuldade em fazer escolhas na vida adulta pode ter sua origem na infância. Quando temos 5 anos, as pessoas perguntam: 'O que você quer ser quando crescer. Depois ninguém mais toca no assunto até você chegar aos 16, perto do final do ensino médio, e então volta o assunto: 'E aí, vai prestar o quê?' E essa é a primeira grande escolha que se faz na vida. Mas não necessariamente será definitiva – embora tenha essa conotação socialmente. Segundo Maira Habimorad, CEO da consultoria Cia De Talentos, "É a escolha do curso que leva a uma profissão, que, por sua vez, pode levar à carreira. Esses conceitos são extremamente misturados e não há nenhum método estabelecido para ajudar os jovens na construção dessas decisões. Na minha visão, a pessoa faz uma escolha, por qualquer motivo, sem autoconhecimento e com pouca ou nenhuma informação real sobre o mercado". Consequentemente, quando sai da faculdade e começa a trabalhar, o jovem tem um choque de realidade, já que em muitos casos há uma distância relevante entre o que se ensina na academia e o que se pratica nas empresas.

A felicidade inalcançável e os mil amigos

O universo protegido no qual cresceram muitas das pessoas que têm em torno de 30 anos costuma carregar mais uma expectativa que, embora bem-intencionada e aparentemente positiva, pode tornar ainda mais pesada e angustiante a tomada de decisões. "Você só tem que ser feliz", dizem alguns pais aos seus filhos. "Essa geração teve toda a vida da família organizada para o bem-estar deles. Os pais tinham menos recursos e abriram mão de coisas para oferecer o melhor aos filhos: a melhor escola, o curso de inglês, o intercâmbio e todo o suporte que puderam. Tudo isso para quê? Para eles serem felizes", diz Maira. Quando a pessoa não sabe o que fazer com tudo o que lhe foi concedido, a tendência é se sentir ainda pior. "Como eu não sou feliz?". Ser feliz, então, se torna mais uma obrigação de uma longa lista de tarefas e essa é uma das queixas que mais ouço no consultório: 'Veja tudo o que conquistei e tenho, eu não deveria estar feliz?'

Com o trabalho como parte essencial da vida contemporânea, nada mais natural do que buscar a tão desejada felicidade nessa área. "Isso foi algo que mudou muito em relação à geração anterior", afirma ela. "Uma pessoa de 50 anos não costuma ter essa necessidade de ser feliz no trabalho típica dos jovens". Ao mesmo tempo, ela chama a atenção para a baixa resistência das pessoas mais novas em relação aos desconfortos que fazem parte de qualquer rotina. "Ficar um ano fazendo um trabalho chato, por exemplo, é impensável para eles".

É notável uma pressa que permeia as relações atuais. Pressa para encontrar a profissão dos sonhos. Pressa para descobrir a empresa que melhor corresponderá às suas altas expectativas profissionais. Pressa para se desenvolver na carreira e ser promovido. Pressa para ser feliz.

Com tanta pressa, pode faltar tempo para construir relações fortes e duradouras. Seja a relação com o ofício em si, sejam as relações pessoais, pelas quais qualquer trabalho e satisfação necessariamente passarão. "Falta tempo para construir relações de verdade, além das redes sociais. Na internet, temos mil amigos. Mas quem realmente tem mil amigos?", pergunta Maira. "Estamos sem tempo e sem prioridade para olharmos para dentro, assumirmos quem somos e, com isso, escolhermos as nossas relações de maneira mais sincera e coerente".

Como saber se as escolhas que se faz são as certas? Que critérios usar para avaliar prioridades? Não existem fórmulas para responder perguntas como essas. Tampouco existem garantias de que os resultados das escolhas que se faz serão os esperados. Escolher é sempre arriscar e perder alguma coisa. E arriscar é assumir responsabilidade e não gostamos de perder alguma coisa, seja lá o que for. A liberdade para decidir, portanto, está diretamente ligada à disposição em pagar a conta das próprias ações.

Danilca Galdini, da DMRH/Cia de Talentos, conduz encontros entre altos executivos e jovens, recém-ingressos no mercado de trabalho. Nessas reuniões, os mais novos têm a oportunidade de perguntar o que quiserem aos veteranos do mercado. Recorrentemente, ela testemunha algumas perguntas: como os executivos tomaram decisões importantes em relação às suas próprias carreiras (com riqueza de detalhes)? Como "souberam" que era esse o caminho que queriam e deveriam seguir? "É preciso tomar cuidado com questões desse tipo, porque uma atitude não é regra só porque funcionou para outra pessoa. Sempre haverá os riscos a se correr. Os jovens estão muito inseguros com suas próprias decisões. Quando faz uma escolha, você está deixando 30 milhões de possibilidades para trás. Mesmo que tenha todas as informações do mundo para embasar seus argumentos, no limite, a escolha é um ato de coragem", conclui ela.

Liberdade. Autonomia. Equilíbrio. Qualidade de vida. Essas são algumas palavras recorrentes no discurso de quem tem seus 30 anos. Mas o que, de fato, elas significam? E o que falta para que elas encontrem eco na realidade? A tão desejada qualidade de vida, por exemplo, tem muitas possibilidades. Para alguns é ir para a praia todo final de semana. Para outros é poder buscar os filhos na escola. Pode ser caminhar todas as manhãs ou ter um trabalho que seja possível conciliar compromissos em horário comercial. Enfim, para cada um é uma coisa. Há algum tempo, na minha formação em coaching, ouvi que qualidade de vida é ter bom número de lembranças de momentos que foram bons. Os momentos que fazem tudo valer a pena. São para eles que voltamos quando venta em nossas cabeças. Preocupo-me quando, em processos de orientação de carreira, o participante consegue se lembrar basicamente de suas férias e mais uma ou duas coisas ao fazer a retrospectiva do ano anterior. Eu sempre questiono: onde você estava os outros 335 dias do ano? Que tipo de presença é essa na vida?

Tente fazer uma retrospectiva daqueles momentos que foram memoráveis. Guarde-os como joias na sua memória.

Sintomas de uma crise

A sensação de que tudo vai bem, mas isso não é o bastante para trazer satisfação – foi uma das descrições mais repetidas pelas dezenas de pessoas que contribuíram com a elaboração deste livro. A letra da música *Ouro de Tolo*, de Raul Seixas – "Eu devia estar contente / Por ter conseguido tudo o que eu quis / Mas confesso abestalhado / Que eu estou decepcionado" – não se encaixava apenas na minha busca pessoal, mas também na de grande parte dos que sentem as fichas caírem na transição dos 30 anos. "Está tudo bem, eu acho que até ganho bem, tenho uma boa posição, mas não estou feliz. Está faltando alguma coisa". Essa frase sintetiza o conteúdo reproduzido por dezenas de pessoas, cada uma à sua maneira.

Diante das frustrações de seus ideais, o caminho possível para muitos é tentar abafar as queixas internas. De certa forma, negá-las, na expectativa de se encaixarem no sistema existente e, assim, cessar o próprio sofrimento. Empresas renomadas, avaliações de desempenho, conversas de feedback, recompensas pelas entregas, planos de carreira. As convenções do mundo corporativo podem contribuir para um estado de anestesia nas pessoas. E quando a crise dos 30 dá seus sinais, muitos não estão preparados para lidar com este momento. Ao longo de mais de 50 anos de carreira, o psiquiatra e psicoterapeuta junguiano Carlos Byington acompanhou de perto diversos casos com essas características, como vimos no capítulo 2. "As pessoas não sabem que essa crise acontecerá, então geralmente não sabem lidar", afirma.

Alfredo Motta, da agência Namosca, também observa a dificuldade de sair do *status quo* no seu contato com os jovens. "Quando alguém entra no sistema e começa a acreditar nele, fica difícil olhar para as possibilidades com liberdade para construir algo novo", afirma. Com a passagem dos anos, a situação tende a se solidificar, e a dificuldade de mudar cresce ainda mais. "Começa uma cobrança interna: 'Estou com 28 anos, já ganhando um bom salário, tenho um plano de saúde...' É difícil descolar disso, abrir mão do que já se construiu para arriscar um novo mergulho".

Estatísticas da Associação de Psicologia dos Estados Unidos confirmam essa realidade: 75% dos trabalhadores americanos consideram seus chefes a maior razão de estresse no trabalho, mas 59% dessas pessoas não largariam o emprego, mesmo infelizes. Em um artigo publicado no LinkedIn, em outubro de 2015, o consultor americano Travis Bradberry, coautor do livro

Inteligência Emocional 2.0, escreveu sobre esses dados e seus possíveis motivadores. "Há muitas teorias a respeito do porque as pessoas continuarem a trabalhar com chefes ruins, que vão desde a Síndrome de Estocolmo (estado psicológico em que uma pessoa, submetida a um prolongado período de intimidação, passa a ter sentimentos positivos em relação a seu agressor), até lealdade à empresa. Às vezes é apenas a síndrome do 'sofá confortável', quando o esforço na busca de um novo emprego parece grande demais", escreveu ele.

Em médio e longo prazos, essa insistência em seguir a cartilha de uma "vida normal" e evitar os riscos de uma virada de mesa, a despeito dos questionamentos e dos desconfortos internos, cobra seu preço. Frustração pelo esforço investido e pelo retorno pouco satisfatório; instabilidade das emoções; constantes mudanças no ambiente; sensação de que o tempo é uma bomba relógio prestes a explodir, uma vez que as mudanças hoje em dia acontecem, muitas vezes, em curto prazo; angústia; comparação com os colegas que cresceram juntos ou foram companheiros de faculdade e agora parecem adiantados no caminho profissional. Por trás de todas essas queixas, aparece uma dificuldade comum relatada por pessoas na transição dos 30 anos: conciliar as expectativas e a realidade. Ou seja, os ideais, os sonhos, o que projetaram para si mesmas no futuro pode passar longe dos acontecimentos com os quais se depararam quando esse futuro se torna o presente.

Marina, de 35 anos, foi uma das pessoas que participou da segunda etapa de entrevistas para a elaboração deste livro – quando a pesquisa de mestrado já estava concluída. Ela se formou em Turismo e, ainda na faculdade, começou a trabalhar em uma grande rede de hotéis. Subiu rapidamente na carreira e ficou na mesma empresa por quatro anos. Até que cansou. Pediu demissão para ter novas experiências. Mudou-se para a França. Depois de três meses sabáticos, apenas estudando o idioma, voltou ao mercado – desta vez, como recepcionista, o que encarou como um "passo atrás" em seu caminho profissional. Passou os quatro anos seguintes estudando idiomas (além do francês, espanhol e italiano), morou em outros países e trabalhou em outros hotéis. Ao final deste período, fez um MBA e foi contratada por outra companhia do setor. Foi ali que começou – ou ficou clara – sua crise.

"Como em todas as empresas, passamos por altos e baixos", diz ela. "Passei por projetos interessantíssimos. Mas a partir do terceiro ano, a organização não valorizava mais as contribuições dos funcionários nos projetos. Eu tinha a impressão de que nada que eu concretizava era consequência do meu esforço. Nada do que eu produzia era suficiente. Perdi o encantamento do começo, mas tinha medo de pedir demissão porque tinha a impressão de estar jogando fora o emprego perfeito, numa empresa líder do mercado, com um salário confortável. Por outro lado, percebi que aquilo tudo me fazia mais mal do que bem. Eu vivia de mau humor, tinha um nó no estômago todas as manhãs antes de ir para o trabalho, às vezes não dormia e me alimentava mal. Mas o pior de tudo foi ter perdido a confiança no meu próprio trabalho. Eu sentia que não valia nada e que jamais encontraria emprego em outro lugar".

Quando não vale a pena

Uma pesquisa realizada pelo administrador e consultor organizacional Diego Galli Alberto[13], investigou os motivos de satisfação ou insatisfação no trabalho. Participaram do estudo 158 estudantes de MBA de Ribeirão Preto, cidade no interior de São Paulo, com média de 31 anos de idade. A grande maioria dos participantes (101 pessoas) considerou-se satisfeita. Aqueles que se classificaram como insatisfeitos apontaram como geradores de insatisfação os seguintes aspectos: (1) remuneração; (2) políticas da empresa; (3) falta de autonomia; (3) falta de oportunidade de crescimento e desenvolvimento; (4) sensação de estagnação; (5) falta de reconhecimento; (6) excesso de trabalho; e (7) inexistência de um plano de carreira.

Aqueles que se consideraram extremamente insatisfeitos apontaram as causas: (1) remuneração; (2)

---

[13] Na dissertação de mestrado, pela PUC-SP: *O alinhamento das âncoras de carreira: explorando a satisfação com o trabalho* (2008).

relação com a supervisão; (3) inexistência de um plano de carreira; (4) políticas da empresa; (5) falta de ética; e (6) ambiente de trabalho.

Outra pesquisa, sobre carreira de adultos jovens pertencentes à camada socioeconômica média alta de São Paulo, com entre 27 e 31 anos, foi conduzida pela psicóloga Ruth Yamada Lopes Trigo[14]. Nesse caso, o estudo relacionou casos de expatriação com relacionamentos amorosos. O objetivo foi compreender os conflitos pessoais e nas relações e identificar estratégias utilizadas diante do distanciamento provocado pelo trabalho ou pelo estudo no exterior. A conclusão foi de que os participantes privilegiaram a vivência em países estrangeiros mesmo tendo um relacionamento amoroso significativo. A experiência profissional ou acadêmica era encarada como uma oportunidade que não poderiam perder, um investimento importante em suas carreiras. "Estas duas perspectivas: relacionamento amoroso e carreira são consideradas como os desafios desenvolvimentais do início da fase adulta do ciclo de vida dos seres humanos", afirmou Ruth. Essa pesquisa reforça o peso que é colocado na carreira durante esta fase do desenvolvimento.

Jovens profissionais solteiros, em início de carreira e que ainda não têm uma família constituída,

---

[14] Na tese de doutorado, pela PUC-SP: *Expatriação – carreira e conflitos no relacionamento amoroso do adulto jovem contemporâneo* (2012).

procuram desenvolver um relacionamento amoroso importante e significativo ao mesmo tempo que investem esforços para se estabelecerem como profissionais no mercado. Assim, acreditam, conquistarão um bom futuro. Na análise das entrevistas com os participantes, ficou evidente que o objetivo básico da vida para eles é ser bem-sucedido. E ser bem-sucedido, nesse caso, é ter um trabalho que lhes traga dinheiro para, então, ter uma vida confortável.

A psicóloga Ana Carolina Falcone Garcia também investigou o assunto, sob uma abordagem junguiana e com um recorte particular: a influência da relação entre pai e filha na formação profissional de mulheres jovens adultas[15]. Na análise sobre o trabalho e a relação com a profissão, foram identificadas as seguintes questões sobre os motivos de insatisfação: (1) necessidade de desafios e mudanças constantes; (2) cansaço, sensação de estar trabalhando demais e falta qualidade de vida; e (3) ao mesmo tempo que desejam crescimento e mudanças, desejam também estabilidade financeira.

De acordo com o americano Stephen P. Robbins, autor do best-seller *Comportamento Organizacional*, os profissionais costumam expressar sua insatisfação no trabalho de quatro formas: (1) saída do emprego, incluindo a busca de um novo trabalho e o pedido de

---

15 Na dissertação de mestrado, pela PUC-SP: *Da relação pai-filha à profissional mulher: um estudo qualitativo com mulheres adultas jovens* (2006).

demissão; (2) com uma comunicação ativa e construtiva para tentar melhorar as condições. Nesse caso, podem sugerir melhorias e discussões sobre o problema com seus superiores; (3) por meio de uma atitude de lealdade: espera passiva, mas otimista, de que as condições melhorem, inclusive defendendo a companhia de críticas externas. Acreditam que a empresa e seus dirigentes farão "a coisa certa"; ou (4) por meio de uma atitude de negligência: deixar as coisas piorarem, incluindo o absenteísmo, atrasos crônicos ou aumento no índice de erros.

A insatisfação relacionada à transição ou às mudanças de carreira pode provocar desde um estresse leve, até a síndrome de *burnout*, segundo a professora emérita da Universidade de Maryland Nancy Schlossberg[16]. De acordo com a pesquisadora, são consideradas transições todo acontecimento (ou ausência dele) que transforma o cotidiano da pessoa e é reconhecido e vivido como tal. Ausências de acontecimentos seriam, por exemplos: uma promoção esperada que não se concretiza, ou um objetivo não atingido como ter x de dinheiro antes dos 30, ou ocupar um cargo de diretoria antes dos 35, ou casar e ter filhos até certa idade etc. As transições podem ser individuais, de relacionamento ou profissionais. As transições profissionais são o

---

16 Coautora do livro *Counseling adults in transitions – linking practice with theory* (1984), com a psicóloga e Ph.D Mary L. Anderson e a antropóloga, também Ph.D, Jane Goodman.

foco dos estudos de Nancy. Seu interesse está relacionado às formas de enfrentamento, à maneira como os indivíduos lidam com os fatos ou com a frustração pela falta deles. A inércia, em um momento de transição que pede algum tipo de movimento, pode ser tão incômoda quanto algo externo que quebre a rotina como consequências de um período de transição.

Pausa obrigatória para reflexão

Os entrevistados para a pesquisa de mestrado que deu origem a este livro trouxeram relatos de insatisfações considerados os desencadeadores dos questionamentos sobre a carreira. Os mais recorrentes foram: a rotina e a carga de trabalho; o relacionamento com as pessoas; o ambiente muito formal e a curva de aprendizado.

A principal queixa da psicóloga Vânia era trabalhar horas demais como coordenadora de recursos humanos. O ritmo profissional à levou à exaustão. Para Débora, advogada de 31 anos, o problema central era a relação com a chefe, que criticava o seu comportamento no dia a dia, usando frequentemente a frase: "Isso não é executivo", para repreender sua maneira de falar, agir e se vestir. Também a incomodava trabalhar de 12 a 15 horas por dia, ter que viajar muito e não ter flexibilidade de horário.

O economista Marcos, de 28 anos, e o administrador Adriano, de 29, manifestaram descontentamento em relação à remuneração do trabalho. Adriano comentou que o contato com outras pessoas da mesma idade com quem conviveu no passado trouxeram a sensação de estar ficando para trás. "O start para mim foi ver a vida das pessoas seguindo adiante e a minha andando para trás. Sentir que eu estava perdendo cada vez mais, enquanto via as pessoas ao meu redor, os meus amigos se desenvolvendo, e eu... não. Eu me sentia inútil ao perceber que o vocabulário e as referências das pessoas tinham mudado, e eu estava naquela mesma vida", diz ele. A percepção de que algo não vai bem proveniente da interação com os outros é comum. Segundo o psicólogo, professor doutor da PUC-SP e orientador da minha dissertação, Durval Luiz de Faria, a emergência de uma noção de si mesmo e o ganho de consciência para o ego dependem da interação da pessoa e da realidade objetiva de relacionamentos na qual esse ego está inserido[17]. É por isso que a referência de outras pessoas pode ser um gatilho para despertar questionamentos e angústias.

Adriano revelou uma recorrente frustração em relação à sua vida profissional. Inicialmente, trabalhava com música. Tinha uma banda e, por volta dos 19 anos, fazia muitos shows. Apesar de "estar indo bem",

---

17 No livro *O pai possível: conflitos da paternidade contemporânea* (2003).

achava que os outros não levavam a sério sua carreira artística, até que ele mesmo passou a encará-la com um hobby. Na época, ele aceitou se tornar sócio numa loja de carros dos seus irmãos. Durante os primeiros anos, conciliou o trabalho com os shows, mas, depois, a banda acabou. Isso gerou certo arrependimento por, talvez, não ter dado uma chance maior àquela possibilidade de carreira.

Após 7 anos, por uma série de problemas financeiros e de mercado, o negócio da família faliu. Depois de dois anos pagando dívidas e se reestruturando, Adriano começou a trabalhar como representante comercial em uma editora de pequeno porte. Apesar de relatar boas vendas, não se sentia reconhecido nem enxergava possibilidades de desenvolvimento e crescimento ali. Financeiramente, também não se sentia satisfeito. Não sabia como se posicionar, pois acreditava que sua experiência anterior como empresário não poderia ser comprovada e, portanto, sua qualificação perante o mercado não era sólida.

O mais marcante no depoimento de Marcos foi a sua constante insatisfação em relação à sua própria carreira. Havia trabalhado um ano em uma empresa do segmento financeiro, depois de ter atuado em outras três do mesmo setor. Deixou todos os empregos anteriores por motivos similares: após um período de trabalho, começava a ficar entediado com as funções e não enxergava perspectivas de mudanças em curto prazo.

Ao identificar que já havia aprendido o suficiente, ficava desmotivado com o timing do reconhecimento e preferia buscar outras oportunidades. "Foi difícil me manter nos trabalhos por conta dessa desmotivação que acontece. Essa queda na curva de aprendizado, o fato de não ter o 'aval' do chefe para implementar as mudanças que queria. Depois de um tempo, sinto um desejo muito grande de procurar outras coisas. É uma inquietação. Às vezes eu sei o que quero, e às vezes, não".

Todos os entrevistados apresentaram um indicador comum de que algo não ia bem: os problemas de saúde relacionados a um balanço da vida profissional. Vânia teve uma crise de hipoglicemia. Adriano e Débora tiveram depressão. Marcos sofria de gastrite.

Esse tipo de queixa não só é recorrente, mas também nociva aos envolvidos. Pesquisadores da Harvard Business School e da Universidade de Stanford, ambas nos Estados Unidos, reuniram dados provenientes de mais de 200 estudos e chegaram à conclusão de que estresse simples e cotidiano no trabalho pode fazer tão mal à saúde como a exposição a quantidades consideráveis de fumaça do cigarro de outras pessoas.

Segundo o estudo, o medo de ser mandado embora é a razão principal causadora de estresse de trabalho e pode aumentar em até 50% os riscos de problemas de saúde. Um cargo que exige do funcionário mais do que ele pode oferecer – ou que o funcionário sente dessa forma – aumenta em 35% o risco para a saúde.

O que fez Vânia encarar sua insatisfação na carreira foi o sinal que o seu corpo deu. Ela segurou o mal-estar até o ponto que conseguiu, mas uma crise de hipoglicemia determinou o limite. "Claro que a hipoglicemia tinha a ver com o estilo de vida que eu tinha na construtora. Trabalhava 15 horas por dia, não comia de três em três horas, como é recomendado, e, quando comia, me alimentava mal. Para mim, ficou muito claro o quanto eu estava me cuidando mal e que precisava de mais qualidade de vida", diz ela. Depois, enquanto vivia fora do país, foi mais uma vez interrompida por um sintoma físico, as dores na coluna.

Débora relata "muitas crises de choro, inclusive aos fins de semana" enquanto estava empregada, e afirma ter decidido deixar o trabalho porque estava infeliz. Não tinha outra oportunidade em vista, mas "não aguentava" mais ir para o trabalho. "Eu estava surtando, enlouquecendo, por causa do estresse. Chorava muito, muito, muito, muito. Sentia uma tristeza absurda, muitas vezes sem conseguir identificar o motivo. Qualquer situação tensa me levava a um estado de estresse muito grande".

Adriano, por sua vez, afirma ter se isolado do mundo depois da falência da loja de carros, para tentar resolver os problemas em relação às dívidas que restaram. "Eu tinha sintomas como coração a mil, ânsia de vômito e falava 'estou enfartando'. Tive dias de jurar que ia me matar, e tive dias que eu não queria olhar na cara de ninguém. Quando eu tentava ter um momento para mim, eu só recebia telefonemas de problemas. Minha família falava: 'Como é que você deixou isso acontecer?', referindo-se às dívidas, e minha namorada: 'Como a gente vai casar?'. Eu pensava: 'meu Deus!', o mundo desabou em cima de mim".

Marcos conta que tinha crises frequentes de gastrite desde a faculdade, quando precisava conciliar trabalho e estudo. Muitas vezes, só melhorava quando ia para o hospital. Ele relaciona essas crises diretamente aos períodos de maior estresse pelos quais passou, mas faz um tratamento contínuo.

Entre as pessoas que participaram da minha pesquisa mais ampla, o relato de doenças também apareceu de forma recorrente. Em alguns casos, em especial, o problema de saúde foi um dos sinais mais marcantes de que algo ia mal.

Marina, que estudou Turismo e fez carreira em hotéis, citada no início deste capítulo, foi diagnosticada com síndrome de *burnout* (quando o estresse vira patologia) depois de uma noite em que, como tantas outras daquele mês, ela passou a madrugada inteira chorando. "Eu estava angustiada por não saber o que fazer e por me sentir extremamente injustiçada com a situação em que me via". Nessa época, trabalhava 12 horas por dia, embora totalmente insatisfeita com as condições de trabalho. "Foi um período difícil. Mas eu não queria ceder com facilidade e aceitar que era vítima de um fenômeno da sociedade, como considero o estresse e seu estágio mais grave, que é o *burnout*. O médico me proibiu de ir trabalhar por dez dias, no mínimo. Eu hesitei com medo de ser julgada pelo meu chefe e pelos meus pares. Mas acabei aceitando a orientação médica".

Outro depoimento emblemático foi o do engenheiro Carlos, de 27 anos. Ele entrou como trainee em uma indústria multinacional que produzia materiais para obras. Logo, uma série de fatores começaram a afetá-lo negativamente. Ele não se dava bem com o chefe, "que não era claro sobre os planos para a minha carreira". Os feedbacks que recebia eram tão duros que extrapolavam para a grosseria. Ao mesmo tempo, eram pouco assertivos em relação às mudanças práticas que ele deveria fazer profissionalmente. Carlos descreve as tarefas que lhe eram atribuídas como "insuportavelmente maçantes, sem sentido algum" e o ambiente "carregado", com uma cultura "business-corporativa", isto é, formal como é padrão na maior parte das empresas. "Eu queria dinheiro, um ambiente saudável de trabalho, uma atividade autoral, mas na hora de ponderar uma escolha para tentar um caminho, só escuridão", diz ele.

Carlos foi diagnosticado com depressão e, além do tratamento médico, começou a fazer terapia. Até que, sete meses depois, decidiu mudar de emprego: foi para uma empresa de tecnologia para ganhar um salário menor, mas na qual gosta do trabalho. "Financeiramente, minha realidade não chega nem perto do que eu esperava. Mas o trabalho me desce redondinho. Até a parte ruim, parece boa. Até as pressões e críticas do meu chefe me soam leves comparadas com o que passei".

Os sintomas de saúde foram apontados pelos entrevistados como gatilhos importantes para a reflexão sobre suas atividades, rotina, dia a dia de trabalho e necessidade de uma pausa ou diminuição no ritmo. A doença é um dos principais eventos da vida para elucidar o propósito de cada indivíduo, de acordo com os estudos da psicóloga junguiana Rose-Emily Rothenberg[18]. Ela explica que os sintomas físicos ajudam na tarefa pessoal de atribuir significados às etapas e acontecimentos vivenciados e podem criar um ímpeto na pessoa para o trabalho interno – isto é, a busca por autoconhecimento – e trazem consigo o ponto central para a sua cura. "Quando irrompe a doença, o indivíduo defronta-se de maneira abrupta com a realidade de que não é o único senhor dentro de sua própria casa. O indivíduo é obrigado a prestar atenção na psique, porque ela se tornou real", afirma Rose-Emily.

Embora o adoecimento seja, muitas vezes, uma parada obrigatória, este é um estado extremo. Nos casos

---

[18] No livro *A joia na ferida:* o corpo expressa as necessidades da psique e oferece um caminho para a transformação (2004).

citados, as pessoas precisaram chegar a esse ponto para entender que a vida profissional pedia uma revisão. Mas há outros gatilhos, mais suaves, que podem indicar que algo não vai bem, sem necessariamente afetar a saúde. É fundamental estar atento à própria condição para evitar problemas mais sérios. Afinal, o que justifica não cuidar de si mesmo? Pular as refeições em nome de quê? Por que abrir mão dos momentos de lazer? É preciso adoecer para, então, refletir sobre suas escolhas? Ou para ter a certeza de que algo não está funcionando?

Reflita agora, por um momento: você está realmente cuidando de sua saúde?

O tempo engole, a realidade atropela. Algumas circunstâncias sociais não mudarão da noite para o dia. O que você tem feito para você? Quanto tempo faz que não visita pessoas queridas ou sai com seus amigos? Tem reservado momentos ou está apenas ticando as tarefas? Eu digo: a vida é mais do que o trabalho.

capítulo 7

Como vim parar aqui?

Aos 30 anos, eu esperava estar com a vida estruturada: um bom emprego, um relacionamento amoroso que me trouxesse realização pessoal, uma casa própria, algum dinheiro investido e muitos planos para um futuro já não tão distante assim. Escuto isso diariamente em meus atendimentos. Foi esse o relato que escutei das mais de 50 pessoas com entre 28 e 33 anos que se dispuseram a contar suas histórias. Vale lembrar que quatro dos meus entrevistados fizeram parte da minha tese de mestrado sobre as questões de carreira na transição dos 30 anos: Vânia, Débora, Adriano e Marcos. As demais entrevistas foram feitas depois da pesquisa acadêmica, já como base para a elaboração deste livro. Todos, cada um com suas peculiaridades e com as próprias palavras, reportavam uma expectativa similar. Da mesma forma, chegavam à frustrante conclusão: "Não foi bem assim que aconteceu". Inclusive aquelas que concretizaram todas as vontades externas, depararam-se com um vazio interior que sinalizava a falta de realização, de completude, de satisfação. "Se tenho tudo o que quis e não é o bastante, onde foi que eu errei?". Essa era a pergunta recorrente que resumia uma série de outras, racionalmente construídas.

Embora cada história carregue em si respostas únicas, todas trazem elementos da teoria de Carl Jung. Todas misturam aspectos conscientes e inconscientes, individuais e coletivos. Sobre algumas escolhas é fácil lembrar a origem. Sabe-se porque foi feita, em que momento e sob quais circunstâncias. Sobre outras, no entanto, já não se lembra ao certo o que motivou. "Por que mesmo decidi seguir esse caminho?". Certezas do passado perdem-se na escuridão do inconsciente. Ainda que a responsabilidade de cada um sobre a própria vida seja intransferível, há decisões tomadas no embalo do grupo, da família, da época, enfim, das influências das pessoas próximas ou mesmo por aspectos inconscientes, não identificados ou reconhecidos.

Para discernir umas das outras, é preciso saber melhor do que estamos falando. A psicologia analítica, desenvolvida por Jung, estuda a psique, que pode ser resumida como a soma de pensamentos, sentimentos e comportamentos, que orienta e ajuda a pessoa a se adaptar aos ambientes sociais e físicos. São considerados três níveis da psique: consciente, inconsciente pessoal e inconsciente coletivo. A consciência "é um fenômeno efêmero, responsável por todas as adaptações e orientações de cada momento, e por isso seu desempenho pode ser comparado muitíssimo bem com a orientação no espaço", afirmou Jung[19]. A maior parte da psique, porém, cabe ao inconsciente, uma instância psíquica dinâmica, que trabalha de maneira complementar e compensatória com o consciente. Produz e agrupa os conteúdos existentes. "Pode-se representar a psique como um vasto oceano (inconsciente) no qual emerge uma pequena ilha (consciente)", afirmou a psiquiatra Nise de Silveira[20] sobre este tema.

O inconsciente coletivo, por sua vez, nas palavras de Jung é "a formidável herança espiritual do desenvolvimento da humanidade que nasce de novo na estrutura cerebral de todo ser humano". Jung dividiu o inconsciente em inconsciente pessoal – uma camada mais superficial e mais relacionada às experiências pessoais –, e o inconsciente coletivo – uma camada mais profunda da psique, que é universal. O inconsciente só pode ser conhecido quando se mostra, e ele faz isso através do símbolo. Precisa de experiências para se manifestar e se manifesta através de associações, insights, intuições etc.

Em função de toda essa complexidade da psique, para Jung, o homem deveria ser visto por inteiro, como um todo inserido em uma comunidade em determinado momento. Não poderia ser analisado de maneira dissociada de sua realidade social, cultural e universal.

---

19 No livro *Tipos Psicológicos* (1921/2012).
20 No livro *Jung – Vida e Obra* (1997).

Totalidade e movimento de integração dos conteúdos conscientes e inconscientes são pressupostos em sua teoria. Nesse aspecto, a busca pela autorrealização, mais do que um desejo, é um movimento que faz parte do desenvolvimento humano. Qualquer interferência nesse processo pode "desviar" a pessoa de seu destino e de seu caminho, ou seja, da construção de sua individualidade. Estamos aqui para aprender e nos desenvolver enquanto seres humanos íntegros, desenvolver os mais diversos aspectos de nossa personalidade. É para isso que estamos vivos. É para isso que você será chamado diariamente por um mecanismo nem sempre fácil de explicar, mas que está presente a todo momento.

Para se referir ao caminho individual de alguém, Jung utiliza os conceitos **designação, vocação** e **desenvolvimento da personalidade**. O psiquiatra chamou de **designação** o que impulsiona uma pessoa a escolher o seu próprio caminho. Designação é um fator irracional que faz com que o indivíduo percorra na direção de suas escolhas, caminhos e possibilidades mesmo que seja estranho aos olhos de quem está próximo.

No entanto, em muitas pessoas, como assevera Jung, a voz interior fica difícil de ser identificada e, em lugar da designação, a voz do indivíduo se confunde com a voz da sociedade. A convenção é uma necessidade coletiva e muitos optam pelo caminho das convenções ao invés de buscar o próprio caminho – ainda que muitos não se deem conta disso. Na medida em que o indivíduo se torna infiel às suas leis, paralisa seu desenvolvimento e perde o sentido de sua própria vida.

Quanto à **vocação**, ela se diferencia do exercício do trabalho, puro e simples, da seguinte maneira, segundo o psicólogo James Hollis[21] "trabalho é aquilo a que nos dedicamos para ganhar dinheiro e satisfazer nossas necessidades econômicas, enquanto a vocação é o que somos chamados a fazer com a energia da nossa vida". Segundo o analista, não é possível escolher uma vocação. É a vocação que escolhe a pessoa. O indivíduo pode escolher o modo como responde à sua vocação que pode ou não estar ligada a ganhar dinheiro. O sentimento de ser produtivo é uma parte fundamental da nossa individuação, de maneira que deixar de responder à nossa vocação pode causar dano à alma.

Os conceitos de designação e vocação estão intimamente ligados ao de **desenvolvimento da personalidade**. Porque esse processo jamais poderá acontecer, segundo Jung, se a pessoa não escolheu o seu próprio caminho, de maneira consciente e moral. "Somente será possível que alguém se decida por seu próprio caminho, se esse caminho for considerado o melhor", escreveu ele. Esse processo, de desenvolvimento da personalidade (individuação) acontece durante toda a vida.

O caminho de cada um é, portanto, nada mais do que a busca pelo máximo de desenvolvimento possível

---

21 Em *A passagem do meio: da miséria ao significado na meia-idade* (1995).

da totalidade do indivíduo, nos aspectos biológicos, sociais e psíquicos. Embora a realização total do ser seja um ideal inatingível, isso não invalida a perseguição desse objetivo. "O fato de não ser atingível não é uma razão a se opor a um ideal, pois os ideais são apenas os indicadores do caminho e não as metas visadas", afirmou Jung[22]. "Personalidade é a realização máxima da índole inata e específica de um ser vivo em particular. Personalidade é a obra a que se chega pela máxima coragem de viver, pela afirmação absoluta do ser individual, e pela adaptação, a mais perfeita possível, a tudo que existe de universal, e de tudo isto aliado à máxima liberdade de decisão própria". Quem conseguir cumprir com isso, avança dez casas no jogo da vida.

De acordo com a teoria analítica, a personalidade só se desenvolve pela necessidade, coagida por acontecimentos internos ou externos, que são os gatilhos das crises na transição dos 30 anos. Sem haver necessidade, nada muda e não é diferente com a personalidade humana. Nesse sentido, Jung descreve a importância da relação entre os contrários: sem a tensão entre os opostos não há progresso nem vida saudável[23]. Por isso, é fundamental lançar-se às experiências, arriscar, ampliar o repertório, aprender a lidar com frustrações e situações ambíguas e adversas. Sem ação, não há risco,

---

22 Em *O Desenvolvimento da Personalidade* (1915/1998).
23 Em *Memórias, Sonhos e Reflexões* (1989).

mas também não há desenvolvimento. Parado ninguém reconhece a própria vocação. É na ação que as coisas acontecem. É no movimento que a vida acontece.

Quem sou eu no meio disso tudo?

O primeiro desafio é descobrir quem se é em meio a constantes estímulos externos. Os clientes chegam ao consultório com outra pergunta: o que eu devo fazer? E essa é uma pergunta pertinente, porém, é a terceira na escala de prioridades. A primeira é **quem eu sou**? A segunda é **o que eu quero**? E a terceira é **o que eu faço**?

Após refletir minimamente sobre estas questões, em seguida, é fundamental aprender a conviver em sociedade de maneira saudável – e não em uma simbiose que nega as particularidades de cada um. A quais vozes devemos dar mais atenção? Como saber o que faz sentido para nós e o que é só barulho que vem de fora e, portanto, não deve influenciar as nossas escolhas? Um rompimento, tampouco é o caminho. Ir morar em uma fazenda de orgânicos na Suíça (a não ser que isso tenha tudo a ver com o seu propósito) ou se isolar da forma que for não contribui para qualquer tipo de mudança.

As primeiras pistas sobre quem somos estão na infância. A personalidade existe em germe na criança e vai se desenvolvendo ao longo de toda a existência, segundo Jung. O psiquiatra Carlos Byington define vocação como "gostar e ter habilidade" para determinada atividade. De acordo com ele, a criança representa a "pujança, o desenvolvimento, a curiosidade, a vontade de fazer coisas que ainda não fez, de se ultrapassar permanentemente". Uma pessoa que não perde a capacidade de reconhecer a própria vocação, os impulsos que lhe são naturais e desejáveis torna-se um adulto inovador, criativo e também capaz de reconhecer com mais facilidade a vocação de outros. Porém, o que se vê com mais frequência é o contrário: o adulto que se perdeu da criança que tem em si, de sua vocação, e, portanto, passa batido pelos sinais da personalidade alheia. "Se o indivíduo foi enquadrado às convenções sociais, terá dificuldade de perceber, por exemplo, um rompante de criatividade em uma criança. Às vezes, esse rompante vem fora da hora apropriada socialmente, e as pessoas o rotulam como defeito, como algo ruim, tolhendo a criança de sua própria vocação", diz.

Byington cita um exemplo desse comportamento, que testemunhou fora do consultório. Certa vez, estava na praia e assistiu à cena de uma criança desconhecida, com pouco menos de um ano idade, tentando ficar de pé e andar. "Ela estava nos braços da mãe. Então, a mãe a colocou na areia, e a criança começou a gritar", conta ele. "Na hora perguntei: 'O que ela tem?'. 'Ela sente a areia como sujeira, então tem horror', respondeu a mãe". Provavelmente, a mãe é que estava provocando isso na criança. Sempre que ela pega na areia, a mãe diz que se sujou e lava as mãos ou dá banho. Assim, vai condicionando-a a uma personalidade obsessiva. Esse tipo de comportamento se forma muito cedo".

Nesse sentido, o conselho de Byington aos adultos é observar as crianças com atenção para entender os sinais que elas dão sobre a própria vocação – e para não podar potencialidades respondendo com ideias preconcebidas socialmente. "Quem mostra a vocação da criança é ela própria. Se você acha que ela leva jeito com os números, apenas a acompanhe. Ela se sente bem fazendo contas? Sente-se bem com física e química? Ou sente-se bem com atividades artísticas? É isso o que importa", afirma ele. "Mas as pessoas tendem a acreditar que a criança não sabe nada. Não a consultam. Mais tarde, usam testes vocacionais para orientar como deve ser a educação. O processo de observação desde cedo é muito importante para a descoberta da vocação e, consequentemente, para a escolha da profissão."

Às vezes, o sinal das habilidades fica claro na infância, mas isso não significa que será reconhecido e incentivado pela família. O administrador Adriano começou a aprender violão aos 6 anos e, entre interrupções e intervalos para fazer outros cursos, atendeu às aulas até os 19 anos. Nessa idade já era remunerado pela profissão e se sentia satisfeito, uma vez que fazia o que gostava e conseguia se sustentar. No entanto, a carreira de músico não parecia válida aos olhos da sua família e conhecidos. Então, ele aceitou o convite dos irmãos para participar da sociedade na loja de carros da família, como foi visto anteriormente. Inicialmente conseguiu conciliar o trabalho com a música. Com o tempo, acabou deixando a banda para se dedicar apenas à empresa. A decisão não trouxe satisfação e o deixou sempre com uma questão martelando em sua cabeça: "E se eu tivesse seguido meu sonho?".

Marcos, o economista, adorava as aulas de história na faculdade. Gostava de matemática também – mas menos. No momento de escolher a faculdade, pesou mais a ideia de ter tranquilidade financeira nos curto e médio prazos, do que a paixão. Optou por Economia. Apesar de ter trilhado um caminho de sucesso, sente-se agora incomodado com as inquietudes que o levam de um emprego a outro. Pensa em trabalhar muito pelos próximos 5 anos e então desacelerar.

Assim como Marcos, Júlio César tinha gostos divididos quando criança. Gostava de escrever e construir bons argumentos, mas, para espantos dos adultos, se entretinha mais com os boletins médicos na TV que relatavam o estado de saúde do então presidente do Brasil Tancredo Neves, que morreu em 1985. O garoto também adorava ver livros de anatomia na casa de amigos que tinham pais médicos. Quando adulto, acabou optando por jornalismo. Mas, em 2010, aos 31 anos, resolveu voltar ao chamado da infância e ingressou na faculdade de Medicina, na Argentina, que ainda está cursando.

Byington defende que os jovens testem suas

vontades na prática ainda na escola, para se aproximarem o máximo possível da realidade da profissão e fazer melhores escolhas. "Em vez de estudar teoricamente para o vestibular, deveriam ter experiências nas empresas. Por exemplo, a possibilidade de passar as férias conhecendo uma companhia por dentro".

Os conflitos com os padrões socialmente estabelecidos são, muitas vezes, os maiores empecilhos ao desenvolvimento da vocação. "Quanto mais você assume o que é, mais se propõe a realizar seu potencial e mais conflitos cria com o meio", diz Byington. Ele atribui isso à tendência e ao culto à estabilidade, à mesmice, à invariabilidade e à rotina. "Isso tudo é a mediocridade da média das pessoas na civilização em que vivemos. É um coletivo subdesenvolvido, que não toma conhecimento das suas potencialidades. Mas, sim, faz aquilo que lhe foi ensinado da infância até a aposentadoria. Reproduz a vocação de gerações passadas, estagnando o futuro". Nosso modelo de educação reforça isso – melhor ter nota média em tudo, do que ir muito bem em algumas matérias e mal em outras. É interessante como as pessoas, em geral, têm mais medo do sucesso do que do fracasso. Sim, dá medo colocar todo o seu potencial, dá medo as coisas darem certo. Algumas pessoas sentem culpa por seus sucessos ou sentem-se como uma enganação. Vamos mudar essa ideia: orgulhe-se daquilo que você faz bem, muito bem. Isso não é arrogância, é consciência. Arrogância é achar-se melhor do que as outras pessoas por causa disso. Aproprie-se de suas qualidades! Se você não as enaltecer, quem irá?

A mudança possível, segundo a psicologia analítica, está em alimentar o potencial de um momento de transição como o dos 30 anos. Transformar a realidade por meio do conhecimento e da criatividade, que leva a escolher as oportunidades sob a lente das aptidões e vontades individuais. Isso é ser bem-sucedido. O período de transição é uma chance. Salve-se quem puder! As boias que você deve se segurar são suas qualidades, competências, conhecimentos, rede de relacionamentos. Foque naquilo que você tem de bom. Se quiser ser bom em tudo será apenas mediano e, se na escola isso é bom, na sua vida profissional não. Na carreira, o que faz diferença é alavancar e ser melhor ainda naquilo que você já faz bem.

Faça uma lista de:
- Qualidades / características marcantes
- Competências (conhecimentos e habilidades)
- Pessoas com quem pode contar

Mas, e aquilo que você não faz tão bem? Cuide, mas não queira focar sua energia tentando melhorar algo pelo qual você não será reconhecido.

capítulo 8

O que é o sucesso, afinal?

V̲itória. Triunfo. Êxito. Glória. Feito. Felicidade. Esses são alguns dos sinônimos da palavra sucesso. Sua etimologia é simples: deriva do verbo suceder, isto é, ocorrer ou acontecer. Seu significado literal é claro: bom êxito, resultado feliz, positivo, favorável. Sua interpretação, no entanto, é relativa.

Se realizar o seu potencial, encontrar sentido no trabalho, divertir-se com as obrigações exige, muitas vezes, ir contra o padrão social, o que significa ser bem-sucedido? Quais os critérios, as medidas, os parâmetros que definem se alguém "deu certo" na carreira?

Durante um longo período, sucesso profissional esteve ligado a cargos, salários, tempo de empresa. Essa concepção vem mudando. A definição de sucesso não é única, nem particular. O que é bom para alguns, pode não ser para outros. Mas o que o **conceito** tem em comum entre as pessoas que se consideram insatisfeitas em relação ao trabalho durante a transição dos 30 anos?

Calma, tranquilidade, persistência e qualidade

de vida são palavras que se destacam na definição de sucesso profissional dos quatro entrevistados da minha pesquisa acadêmica. "É fazer o que gosta – diz Vânia –, com calma, com facilidade. Não para ser reconhecida. **É se reconhecer. Não é para o outro, é para si.** Parece simples. Não tenho uma ambição de ser uma diretora, CEO... nem mesmo gerente". A advogada Débora faz uma reflexão similar: "Sucesso profissional, para mim, é trabalhar e fazer o que gosto e ter qualidade de vida. Não almejo ser necessariamente uma diretora executiva. Pode acontecer de eu ficar por muito tempo como advogada sênior, mas apenas se for em uma empresa da qual eu goste da cultura. Aí não tem problema. Quero ir com calma. O dinheiro e o status não são as coisas mais importantes da vida".

Os entrevistados reconhecem a importância do salário para o sucesso, porém esse não é o centro das preocupações de nenhum deles. Adriano, por exemplo, deixa claro que esse já foi o seu foco, mas, após alguns acontecimentos, como o abandono da carreira de músico e a falência da empresa da família –, quer ter o suficiente para sustentar uma vida tranquila. "Já cheguei a achar que o sucesso era ser rico. Eu queria ter muito dinheiro. Depois de tudo o que me aconteceu só quero ganhar o suficiente, ter uma vida normal. Tranquilidade é o que busco". Ele afirma que sucesso é fazer o que gosta. "Muito mais do que qualquer outra variável. É trabalhar em um segmento que você escolheu, aprender a cada dia, se desafiar. O sucesso não está muito ligado ao onde você chega, mas, sim, ao que passou para chegar ao estágio em que está, independentemente de qual estágio seja esse".

Assim como Adriano, Marcos fala sobre a importância do aprendizado e do desenvolvimento provenientes do trabalho. "Depois de um tempo em que já aprendi muito, eu começo a ficar meio saturado. Mesmo ganhando um salário relativamente bom, vou ficando inquieto".

Os fatores intrínsecos aparecem com maior evidência do que os fatores extrínsecos, tanto nos quatro entrevistados mencionados acima quanto nas dezenas de depoimentos concedidos durante a elaboração deste livro. Isso mostra que o sucesso tende a estar relacionado com as expectativas particulares de cada um, com seus valores, desejos, tendências. A belga Nicky Dries, Ph.D em psicologia organizacional, pondera que o sucesso na carreira é uma construção social, e não uma realidade objetiva[24]. Ela explica que este é um conceito dinâmico que evolui de acordo com o contexto histórico e cultural.

Michael B. Arthur, doutor em filosofia e professor da Sullfok University Boston, fez uma revisão bibliográfica envolvendo 68 pesquisas sobre sucesso na

---

24 No artigo *Career success: constructing a multidimensional model. Journal of Vocational Behavior.*

carreira ao longo de dez anos[25]. Destas pesquisas, 57% exploraram critérios objetivos e subjetivos de sucesso. Em 28%, foram trabalhados apenas critérios objetivos e, em 15%, apenas critérios subjetivos. Com base no levantamento, pode-se dizer que o sucesso subjetivo depende da avaliação individual da própria carreira, de acordo com dimensões consideradas importantes para cada um. "Sucesso na carreira pode ser definido como a conquista de resultados desejáveis, relacionados ao trabalho de uma pessoa, ao longo do tempo", afirma o professor. Peter A. Heslin, professor associado da Universidade de South Wales, na Austrália, concorda que o indicador mais comum para o sucesso é uma avaliação subjetiva da satisfação pessoal com a própria carreira, retrospectiva ou em relação ao futuro[26].

Os modelos de carreiras que ganharam força no século XXI, portanto, enfatizam a necessidade de entender o sucesso de uma perspectiva mais individual do que coletiva. A carreira sem fronteira, na qual o profissional assume a gestão sobre o seu o futuro (não mais apenas a empresa) foi desenvolvido por Michael B. Arthur e por Robert DeFillipi, também da Suffolk University of Boston. O mesmo vale para a *carreira proteana*, conceito desenvolvido pelo psicólogo

---

25 No artigo *Career success in a boundaryless career world.* Journal of Organizational Behavior.
26 No artigo *Conceptualizing and evaluating career success.* Journal of Organizational Behavior.

Douglas T. Hall, da Universidade de Boston. Tanto os estudos de Michael, quanto os de Peter, indicam que, com o advento de carreiras mais idiossincráticas e autogeridas, haverá menos referências externas para que as pessoas possam se guiar e verificar seu sucesso na carreira. A psicóloga Betina Silvestri Miranda, doutora em Administração, resumiu o cenário atual da seguinte forma[27]: "(resta) somente a opção de olhar para dentro de si, sondando seus valores pessoais para isto. Tal argumento leva não só à uma elevação da importância dos critérios subjetivos de sucesso como também aos critérios autorreferentes", afirma.

Outra pesquisa, conduzida por Lisa A. Mainiero, da Universidade de Fairfield, e Sherry Sullivan, da Universidade de Ohio, ambas nos Estados Unidos, mostra que os mais jovens, independentemente do gênero, ressaltam os critérios objetivos. Os mais velhos, ou aqueles que já passaram do meio da vida, ao contrário, se referem mais aos critérios subjetivos de sucesso[28].

A psicóloga Marina Cardoso de Oliveira escreveu sobre os critérios subjetivos e objetivos em sua tese de doutorado, que tratou da percepção de sucesso na transição da universidade para o trabalho[29]. Segundo

---

27 No artigo *A associação entre percepções de sucesso na carreira e valores individuais* (2013).

28 No artigo *The opt-out revolt: why people are leaving companies and create kaleidoscope careers.*

29 *Sucesso na carreira depois da graduação: estudo longitudinal prospectivo da transição universidade – trabalho* (2014).

ela, os principais critérios objetivos na percepção dos participantes foram: conseguir um trabalho na área de formação, ter uma remuneração compatível com o mercado e com os pares, conquistar a independência financeira e o reconhecimento social pelo desempenho profissional. Os fatores subjetivos foram: a confiança no futuro da carreira, a conquista gradativa dos objetivos traçados, a construção da identidade profissional, a adaptação ao papel do trabalho e a satisfação com o percurso profissional.

A maior valorização dos fatores subjetivos do sucesso na carreira pode confundir quem busca padrões de referências para avaliar se está indo bem. A métrica mais comum durante muito tempo foi a comparação com os outros, como constatou a consultora Danilca Galdini. Ela ouviu um relato que deixa claras as dificuldades práticas dessa mudança de perspectiva. Durante um evento do qual participou, os executivos de uma grande empresa do setor farmacêutico expuseram os desafios que enfrentaram ao modificar a forma de tratar internamente as promoções dos funcionários, na tentativa de acompanhar os novos tempos. "Eles foram para um escritório menor, para baixar os custos e, antes de fazer a reforma, fizeram entrevistas com os funcionários para entender o que fazia sentido para eles na antiga organização e o que não fazia". Segundo ela, todas as decisões sobre a rotina de trabalho e a distribuição do ambiente foram tomadas em colegiado, por meio de representantes de cada área da empresa. Um dos principais pontos levantados pela equipe se referia à possibilidade de fazer home office e ao fato de não ser necessário ter lugar fixo para cada um se sentar. "Os primeiros que deixaram de ter lugar fixo foram os diretores. Era o que fazia mais sentido, já que eles passavam 60% do tempo viajando".

O impacto da transformação não foi tão positivo quanto se esperava. "Quando alguém é promovido e passa a ocupar um cargo de gestão, há uma transição difícil. A pessoa deixa de fazer parte da equipe para se tornar o chefe dos antigos pares, que muitas vezes são seus amigos. Leva um tempo até as pessoas começaram a enxergá-lo como líder. Um dos elementos que ajudavam na assimilação do novo papel era justamente ganhar uma sala diferente. Na hora de migrar de cargo, a mudança física simbolizava a transição", diz Danilca. Sem essa convenção, apropriar-se do novo papel passou a ser uma função muito mais do próprio profissional, que precisava comportar-se de acordo com o cargo. "É fundamental a organização colaborar com o funcionário promovido nesse momento. Caso contrário, o novo gestor tende a demorar mais tempo para se posicionar. Alguns diretores falavam: 'E agora, como posso saber se sou uma pessoa de sucesso sentado em uma cadeira como a de qualquer outra?'. O destaque deixou de ser visível e ficou muito mais evidente o comportamento de cada um".

Utopia, realidade ou névoa

Diante do relato da insatisfação atual, procurei investigar, em minha pesquisa de mestrado, qual seria o cenário ideal de trabalho. Que elementos seriam imprescindíveis nessa projeção? Dois temas se destacaram nas respostas: ambiente de trabalho e relações pessoais e rotina de trabalho/relação com o tempo.

Em relação ao primeiro item, ambiente de trabalho e relações pessoais, ficou claro que, apesar da convivência intensa no dia a dia, nem sempre as pessoas que trabalham juntas criam vínculos. Mas os entrevistados gostariam que isso fosse diferente. Mostrou-se importante para eles sentir-se parte de um grupo, ter uma equipe unida, integrar um time que faz um bom trabalho e ter o senso de pertencimento. Um ambiente "legal", pelos relatos dos participantes, tem a ver com descontração, informalidade, contribuição e boas relações. Os entrevistados mostraram-se abertos para se relacionar e construir vínculos de amizade no trabalho, sem a cisão, a diferenciação do papel profissional e pessoal ou a hierarquia.

Ao explicar esse ponto, todos afirmaram que a seriedade é importante, mas que é possível ser sério e divertido ao mesmo tempo. "O que eu quero para o trabalho é uma coisa despojada, que não implique em uma seriedade desnecessária", diz Marcos. "O trabalho ideal seria em uma empresa com um clima e uma cultura legais, onde as pessoas se dão bem, não tem briga, intriga nem fofoca. Sem ter um querendo puxar o tapete do outro. As pessoas têm um equilíbrio, qualidade de vida, podem fazer home office uma vez por semana".

O ambiente dinâmico e a variedade de tarefas e responsabilidades surgem nos relatos como algo esperado por três dos quatro participantes da pesquisa. No aspecto relacionamento, as duas mulheres frisaram não admirar a conduta da chefe direta. Existe admiração pelos seus conhecimentos, porém não têm vontade de ter a mesma vida, o que criou certo distanciamento na relação.

Em busca de "algo mais"

Uma palavra recorrente na fala dos jovens profissionais é **propósito**. Qual o propósito do trabalho? Seu significado maior, além de ganha-pão? Uma vez que o sucesso não está relacionado apenas e necessariamente a status, cargo e salário, "algo mais" pesa nas escolhas e na avaliação de seus resultados. Ser bem-sucedido pode significar realizar um trabalho que seja além de um simples ofício. Que tenha um sentido mais profundo, amplo, impactante. Seja ele individual – como a realização da vocação, do potencial do profissional –, seja relacionado a grandes questões da humanidade, por exemplo, participar de um projeto que vise a sustentabilidade do meio ambiente.

Esse tema foi bastante presente durante as entrevistas. A produtora Jessica trabalhou em uma revista até 2012, quando pediu demissão. "Não concordava com os valores do mercado, como competitividade, urgência e a grande demanda de trabalho", afirma. Passou dois anos trabalhando como freelancer. Como seu marido também estava insatisfeito com a profissão, os dois voltaram para a cidade natal de Jessica, no interior de São Paulo, onde ela começou a trabalhar na empresa do pai. Em paralelo, iniciou a prática de yoga e gostou tanto que decidiu transformar aquela em sua atividade principal. Em abril de 2016, abriu a sala onde ensina yoga e passou a se dedicar a algo em que acreditava proporcionar bem-estar aos seus clientes. "A questão financeira ainda é um pouco delicada. Por enquanto ainda ganho pouco e tenho grandes desafios pela frente nessa nova realidade de administradora do próprio negócio. Mas tenho a sensação de estar no caminho certo".

Lúcia fez algumas experiências antes de encontrar uma posição profissional que a fizesse sentir adequada. Em outubro de 2012, deixou a agência de intercâmbios em que trabalhou por nove meses por dificuldades de relacionamento com a chefe. Foi para outra agência, onde ficou outros nove meses. Durante esse período, começou a produzir cadernos artesanais por hobby. Resolveu, então, mudar de profissão. Seria artesã, especialista em encadernação. Passou dois meses procurando emprego, até cansar e desistir. Aceitou, então, um emprego em uma companhia conhecida por ter uma gestão horizontal, sem chefes. Mas a realidade não condizia com a fama. "Na prática, não era tão horizontal assim e a desanimei", afirma. Passou ainda por mais uma organização: um portal que oferece cursos online em diversas áreas. Depois de seis meses tentando ser contratada, conseguiu a vaga para gestora de conteúdo de artesanato em agosto de 2015. "Eu estava feliz, porque foi uma conquista. A empresa tinha um clima bacana, um propósito com o qual me identificava e era do lado da minha casa". Seis meses depois, no entanto, foi demitida. Desta vez, não desanimou. "Foi o empurrão necessária para eu finalmente começar o meu negócio com artesanato".

Vânia relata a falta de um propósito claro para si mesma. "Sempre veio muito à minha mente a questão do que quero fazer da minha vida. Acho que deve haver um propósito que eu nunca consegui encontrar tão verdadeiramente", diz. Ela atribui a essa falta de clareza sobre o que buscava à necessidade de experimentar outros estilos de vida. "Havia uma tentativa de testar as possibilidades. Qual é meu tamanho? Qual é meu caminho?" – perguntava-se, principalmente durante os sete meses em que passou na Austrália, trabalhando como garçonete.

A busca por propósito transcende o universo corporativo. Tem a ver com uma busca pelo sentido da vida de maneira mais ampla, segundo o psicólogo organizacional Sigmar Malvezzi, entrevistado pela revista *Época NEGÓCIOS*, em 2012, na reportagem "O trabalho perdeu o sentido?". "Antes, não era preciso aprender sobre o sentido do trabalho, porque uma força transcendental funcionava como um parâmetro. Todas as decisões, do casamento ao emprego, eram regidas por essa referência", disse Sigmar à revista. Na ocasião, afirmou que houve um enfraquecimento da religião, da coesão comunitária, das grandes causas nacionais, e a ascensão da liberdade individual e do consumismo, que criaram um vácuo de propósitos maiores.

Nas gerações anteriores, os homens dedicavam o esforço da vida a um Deus ao qual eram devotos, ou ao grupo do qual faziam parte, ou ainda aos interesses de um país. As pessoas continuam tendo a necessidade de encontrar um sentido maior, além do objetivamente explícito, para suas tarefas mundanas, mas já não têm padrões externos aos quais seguir sem questionar. Em um mundo em que o trabalho ocupa boa parte das horas que os homens vivem acordados, passou-se a buscar um propósito além de simplesmente ganhar dinheiro.

No entanto, na contemporaneidade, não há deuses nem regras universais. Restou a busca espiritual – vinculada ou não à ideia de religião. Grande parte dos entrevistados revelou o desejo de conectar-se a uma força espiritual maior, que pode ser relacionada com a busca por um propósito.

A preocupação com o significado da existência é uma das questões típicas do meio da vida, segundo o psicoterapeuta Andrew Samuels, professor da Universidade de Essex, na Inglaterra[30]. Esse é o momento vivido por alguns jovens na faixa dos 30 anos. Nessa fase, "a dependência dos recursos apenas do ego tem de ser substituída pelo relacionamento com o *self* (eu); a luta pelo sucesso externo precisa ser modificada de modo a incluir uma preocupação com o significado".

Ao iniciar a pesquisa que deu origem a este livro, eu tinha o pressuposto de que a crise dos 30 poderia ser a antecipação da crise do meio da vida. A metanoia poderia estar chegando antes no tempo cronológico das pessoas. Sim, porque vivemos tão acelerados, as crianças são mais precoces, já nascem mexendo em tablets e equipamentos eletrônicos. Mas não. O foco muito grande no desenvolvimento profissional pode mobilizar alguns questionamentos relacionados ao sentido e ao propósito da existência e do trabalho um pouco antes do que era antigamente. Nesse aspecto, com as mudanças no estilo de gestão corporativa, realmente, as conquistas profissionais têm acontecido

---

30 No livro *Dicionário crítico de análise junguiana*, escrito em autoria com a americana Berenice Knight (Bani) Shorter, doutora em Psicologia Analítica, e o alemão Fred Plaut, editor do *Journal of Analytical Psychology* (1988).

mais rápido e de forma mais intensa do que nas gerações anteriores.

Por isso, é comum ver pessoas com 30 e poucos anos pedindo demissão de empregos estáveis para viver um sonho, empreender. Algumas fazem isso por convicção, outras porque realmente já passaram de seus limites. Ao mesmo tempo que já amadureceram e tiveram sucesso no aspecto profissional, em outras esferas podem continuar imaturas porque não foram mobilizadas. Existem outras fragilidades que não habitam a casa da carreira. Estas fragilidades nascem da compensação em relação a energia destinada às conquistas profissionais, típicas da primeira metade da vida. Isto é, as pessoas tendem a cultivar o lado profissional e deixam de lado outras prioridades, como relacionamentos e saúde.

Todos os participantes que relataram algum problema de saúde ligado à crise na carreira afirmaram que o adoecimento os fez refletir, obrigando-os a entrar em contato com questões mais profundas sobre sentido e significado, causa e finalidade de seus comportamentos. Os porquês por trás das escolhas profissionais que influenciam o alcance ou não do sucesso subjetivo.

O psicanalista francês Christophe Dejours, especialista em medicina do trabalho e em psiquiatria, defende que o trabalho precisa fazer sentido para a

própria pessoa, para seus pares e para a sociedade[31].
O sentido do trabalho possibilita construção da identidade do profissional, por meio das tarefas que executa, permitindo que consiga se identificar com aquilo que realiza.

Desenvolvimento profissional foi definido como o propósito de realizar um trabalho significativo, em um estudo conduzido por Simone Maria Linzmeyer, doutora em Psicologia Social e do Trabalho[32]. Em sua tese de doutorado, ela procurou compreender o desenvolvimento da carreira na contemporaneidade e a aceitação da responsabilidade pessoal a partir dos desafios enfrentados e dos modelos construídos. Os participantes tinham entre 26 e 38 anos. Ela constatou que, de forma geral, os profissionais têm consciência e aceitam a responsabilidade pelas suas carreiras. Entretanto, existem alguns desafios mapeados que precisam ser enfrentados para encontrar um trabalho significativo e que harmonize a realização pessoal e profissional. São eles: ter um emprego no futuro; encontrar um trabalho com o qual se identifique, que faça sentido e onde se realize pessoal e profissionalmente; ter uma remuneração compatível com o trabalho que executa; decidir o

---

31 No livro *A loucura no trabalho: estudo de psicopatologia do trabalho* (1992).
32 No artigo *Carreiras contemporâneas: responsabilidade pessoal e desafios na trajetória profissional* (2014).

que fazer; ser reconhecido profissionalmente e superar a estagnação para se desenvolver profissionalmente.

A importância do propósito no trabalho ficou clara em outra pesquisa[33] conduzida por Estelle Morin, Ph.D em Psicologia Industrial e Organizacional, com estudantes de administração e administradores em Quebec, no Canadá, e na França. Ela destacou cinco motivos para a atribuição de sentido ao trabalho: realização e atualização das competências; ter segurança e ser autônomo; relacionamento com outras pessoas e vínculo com grupos; poder contribuir para a sociedade e ter um sentido na vida (que inclui estar e manter-se ocupado). Os dois últimos evidenciam a busca por algo além do trabalho propriamente dito.

A psicóloga Suzana da Rosa Tolfo e a pesquisadora Valmíria Piccinini, especialista em novas formas de organização do trabalho, escreveram um artigo[34] que explorou diversos estudos brasileiros sobre significados e sentido do trabalho. Algumas das pesquisas levantadas foram realizadas com gestores e alunos de cursos de especialização, em São Paulo e Porto Alegre. Os resultados preliminares das pesquisas demonstram a importância que o trabalho tem, na vida das pessoas, que buscam utilidade para as atividades

---

33 No artigo *Os sentidos do trabalho* (2001).
34 *Sentidos e significados do trabalho: explorando conceitos, variáveis e estudos empíricos brasileiros* (2007).

nas organizações e para a sociedade. Valores, como variedade de atividades, aprendizado constante, autonomia, reconhecimento – além da função de garantir sobrevivência e segurança –, são fundamentais para que o trabalho tenha sentido.

É importante levar em consideração a multidisciplinaridade necessária para a compreensão de sentidos e significados do trabalho atribuídos pelos indivíduos, por se tratar de uma construção baseada em diversas pesquisas. Quanto mais completo e complexo for o circuito **indivíduo – trabalho – significado**, maior o prazer. O rompimento no circuito de significados atribuídos ao trabalho, pelo indivíduo, pode gerar sofrimento e comprometer a saúde mental. O sentido individual e social do trabalho, ao possibilitar a produção e subsistência, pode criar sentidos existenciais e contribuir na estruturação da identidade e subjetividade.

O desafio de qualquer profissional, hoje, é desenvolver a capacidade de transformar as suas competências, reciclar os seus conhecimentos e adaptar-se a novas situações. Dessas características depende a sua sobrevivência no mundo imprevisível. Neste contexto líquido, é fundamental que o indivíduo consiga interpretar, visualizar e dar significado para a sua carreira, e não basear o seu desenvolvimento e a sua percepção de sucesso apenas em fatores externos e que podem mudar a qualquer momento. Outras pessoas podem ou não ser referência, mas não basta copiar o modelo (fazer tudo o que uma pessoa que você admira faz) se você é diferente ou busca uma outra forma de estar na vida.

E para você, o que é sucesso?

Qual a sua fotografia de sucesso?

E, se você ainda não chegou lá, como se vê aos 30 anos?*

*Quando proponho esta reflexão aos meus clientes, muitos começam a dizer que não têm como pensar tão longe, pois muitas coisas podem mudar e dependem de fatores externos. Eu sei. Mas não vale economizar para sonhar. Ao projetar o que você gostaria, pense naquilo que pode ser o seu ideal mesmo, como se você tivesse a possibilidade de controlar o seu futuro.

Expectativas reais

Oriente
(Gilberto Gil)

Se oriente, rapaz
Pela constelação do Cruzeiro do Sul
Se oriente, rapaz
Pela constatação de que a aranha
Vive do que tece
Vê se não se esquece
Pela simples razão de que tudo merece
Consideração
Considere, rapaz
A possibilidade de ir pro Japão
Num cargueiro do Lloyd lavando o porão
Pela curiosidade de ver
Onde o sol se esconde
Vê se compreende
Pela simples razão de que tudo depende
De determinação
Determine, rapaz

Onde vai ser seu curso de pós-graduação
Se oriente, rapaz
Pela rotação da Terra em torno do Sol
Sorridente, rapaz
Pela continuidade do sonho de Adão

Se o sucesso depende muito mais de critérios internos do que externos, então está diretamente ligado à natureza e à dimensão das expectativas de cada um. Com o intuito de concretizar a ideia que os entrevistados tinham sobre o que é o sucesso, perguntei aos participantes da minha pesquisa de mestrado se tinham alguma referência de sucesso ou se conheciam alguém que se enquadrasse em sua definição. Poderia ser alguém de seu convívio, conhecido ou não. Apenas um dos participantes, o Marcos, citou uma referência: o piloto de fórmula 1 Ayrton Senna, morto em 1994. "Ele tinha uma frase espetacular: 'Se não for para fazer bem feito, é melhor não fazer'", comentou.

Chamou-me a atenção o fato de a única pessoa citada como uma referência de sucesso ter sido um ídolo nacional e internacional que está morto há mais de 20 anos. É emblemático que não tenha sido mencionado ninguém que conviva com os entrevistados. Ou seja, não há amigos, familiares, pares nem outras pessoas ao alcance dos olhos em quem os jovens de 30 anos se espelhem conscientemente na construção de seu caminho profissional.

O publicitário Alfredo Motta percebe a ausência de modelos inspiracionais em seu dia a dia profissional. Segundo ele, existe uma dificuldade de encontrar garotos-propagandas ou embaixadores para as marcas. Isso porque são raras as figuras que exercem uma influência significativa sobre os jovens adultos. "No Brasil, não temos o histórico de construir heróis, não é fácil trabalhar com os arquétipos", afirma.

Quando existe uma referência, muitas vezes, é romantizada, o que pode acabar afastando ainda mais o ideal da realidade. É o caso de alguns empreendedores que ganharam fama na última década. Em 2015, uma pesquisa conduzida pelo *Global Entrepreneurship Monitor* (GEM), mostrou que, no Brasil, de 70 a 80% das pessoas com idade entre 18 e 64 anos, acompanharam na mídia histórias sobre empreendedores bem-sucedidos. "Esses empresários têm hoje uma conotação de ídolo que anos atrás tinham os jogadores de futebol. Por um lado, é um movimento interessante, as pessoas estão querendo conhecer histórias de quem se arriscou e deu certo. Por outro, muita gente considerada referência pelos mais novos não revela as dificuldades que encontrou pelo caminho e como as superou. 'O Mark Zuckerberg ficou bilionário'. Ok, mas o que ele fez? O que ele passou? O quanto demorou? Do que ele abriu mão para construir o Facebook? Porque, claro, tiveram problemas. No Brasil, não temos uma cultura aberta ao erro".

Os chefes foram mencionados como referências

de conhecimento, mas suas vidas não têm outros componentes considerados importantes, como equilíbrio entre o aspecto pessoal e o profissional. A ausência de referência de sucesso pode dar a impressão de que não é possível obtê-lo simultaneamente em todas as áreas da vida, como se o trabalho ou as relações pessoais estivessem em constante disputa. Por essa visão, não seria possível ter o tão almejado equilíbrio citado nas entrevistas. Analisando os relatos, parece que para os participantes não existe um meio termo entre retorno financeiro e qualidade de vida. Ou o profissional tem que focar para receber dinheiro ou para ter qualidade de vida. A fim de alcançar a tranquilidade, primeiro é preciso fazer uma espécie de sacrifício. Para ter o equilíbrio, precisam de dinheiro.

Vânia, a psicóloga, faz esse questionamento de forma objetiva: "Eu não vejo grandes exemplos de pessoas realmente satisfeitas financeiramente, com qualidade de vida e que fazem o que gostam. A minha impressão é que sempre parece que faltam alguns pilares. Ou têm muito dinheiro, mas não têm tanta satisfação, ou têm muito dinheiro, têm satisfação, mas não têm qualidade de vida. Algumas vezes, também não têm tempo".

Marcos e Adriano associaram qualidade de vida com estabilidade financeira. Marcos disse que pretende trabalhar ainda no ritmo em que está (que acha acelerado), de maneira a sentir-se mais tranquilo, para diminuir depois e ter mais qualidade de vida. Isso inclui pagar o seu apartamento. Adriano também aludiu à questão financeira para definir qualidade de vida, para ter tranquilidade e poder fazer as coisas que tem vontade.

Os significados de qualidade de vida e equilíbrio aparecem como sinônimos nos relatos dos entrevistados. Mas a consultora Danilca Galdini arrisca uma terceira palavra, em sua visão mais adequada, para definir o que realmente desejam os jovens: **integração**. "Eles não querem mais esse equilíbrio que divide a vida em 50% para o profissional e 50% para o pessoal. Não precisam mais que o dia de trabalho acabe em determinado momento para que a pessoa comece a cuidar do descanso ou do lazer. Mesmo quando usam a palavra equilíbrio, eu acredito que eles estejam falando de uma integração de vida. É algo mais na linha: Ok, eu já entendi que vou ter de atender o telefone na sexta à noite, às vezes no sábado e no domingo. Também já aceitei que vou ter de trabalhar fora do horário comercial por diversos motivos. Em compensação, na terça-feira, às 10 horas da manhã eu quero sair para fazer qualquer coisa pessoal – como ir ao cabeleireiro –, e não quero cara feia no trabalho. Não quero ter que mentir sobre onde estou". Segundo ela, as pessoas querem ser tratadas de maneira coerente com suas entregas – e não com as horas que passam na empresa.

Ao discorrerem sobre o que seria o ideal em termos de ambiente e de relacionamentos – flexibilidade de locais e horários de trabalho, vontade de estabelecer vínculos além dos profissionais –, os entrevistados se desviaram para reflexões e questionamentos sobre se o que querem realmente existe ou se é possível de ser alcançado. Eles reconhecem que nenhum trabalho será perfeito, como uma espécie de "desidealização" e compreensão da realidade. Esse é um passo importante para seguir para a próxima fase de amadurecimento e desenvolvimento pessoal.

Uma das mais marcantes foi na Austrália, onde trabalhou por três meses em um restaurante na cidade de Melbourne. Nessa fase, tinha tempo de ver os amigos, sair para caminhar à tarde e ter outros momentos de lazer. Observava as pessoas com rotinas parecidas, que saíam com seus cachorros para passear e tinham a tão desejada qualidade de vida, na definição que ela idealizara até então. Em pouco tempo, se deu conta de que aquilo também não era o que ela queria. Apesar de estar realmente em busca de mais qualidade de vida, sentia falta de "conteúdo, profundidade e contribuição" em sua vida. Mal teve tempo de processar tudo, quando precisou voltar às pressas para o Brasil para fazer um tratamento na coluna por conta de dores muito fortes.

Seguiu-se, então, um período em que ficou sem trabalhar, com tempo para refletir sobre as próprias escolhas. Em seu relato é possível identificar quando ela se deu conta de que, possivelmente, estava em busca de um ideal que não existe. Este comportamento aponta para um aspecto mais infantilizado da personalidade de Vânia, de não querer abrir mão de algo em prol de uma escolha.

A psicóloga Patrícia Dias Gimenez, mestre em Psicologia Social, descreve a "polaridade morte" que ocorre para a realização de processos de escolha[35]. Segundo ela, para aprender a fazer escolhas, precisamos aprender a morrer simbolicamente, e isso envolve um sacrifício. Ao desidealizar o trabalho ideal, Vânia entra em contato com outras possibilidades que não estava considerando anteriormente. Por exemplo, o olhar para o equilíbrio e o meio termo. Enquanto estava vivendo em uma rotina intensa de trabalho e vivenciando o que entendia por qualidade de vida, Vânia foi surpreendida pelo seu corpo. O princípio da autorregulação e da totalidade estavam trabalhando, de certa forma, a seu favor. Ao reconhecer e entrar em contato com esses aspectos, Vânia pôde trabalhar, ampliar sua consciência, aprender e continuar no seu caminho de autorrealização.

Antes de começar a trabalhar na empresa do pai, onde hoje se diz satisfeita e feliz, sua expectativa precisou ser ajustada. Depois de algumas frustrações, seu desejo era trabalhar com algo de que gostasse, em que acreditasse, consciente de que os desprazeres e percalços fariam parte do caminho. "Talvez o ideal não exista. Simplesmente, você tem que fazer algo de que goste,

---

35 No livro *Adolescência e escolha: um espaço ritual para a escolha profissional através do sandplay e dos sonhos* (2009).

em que acredite, que seja compatível com seus valores e que te faça feliz naquele momento. Se, de repente, o momento passar, por que não mudar? Eu estava com uma expectativa muito alta. Com as experiências, fui baixando em direção ao que acho que é o mais lógico: o meio termo", afirmou Vânia.

A publicitária Lilian sempre teve interesse em filosofia, religião e comportamento humano. Fez sua carreira em empresas de pequeno e grande porte e sentia-se bem-sucedida, uma vez que recebia elogios recorrentes sobre seu trabalho. Sua crise foi disparada por reflexões sobre suas reais motivações e sobre o que considerava importante na vida. Após essas considerações, percebeu que o mundo corporativo não correspondia ao seu "desejo de alma", mas, sim a uma imposição social. "Minha alma queria usufruir de uma vida mais leve, mais espiritualizada e principalmente mais saudável". Hoje, trabalhando como autônoma, ela enfrenta mais desafios internos do que externos. "Não preciso me preocupar mais em ser a melhor do escritório, nem com minha idade, nem com a posição social". Mas lida, por exemplo, com uma remuneração mais baixa.

A falta de clareza sobre as condições que gostariam de encontrar ao longo da carreira e também sobre os aspectos que não estão dispostos a tolerar são marcantes nos relatos de pessoas na transição dos 30 anos. A percepção de Maira Habimorad, CEO da Cia De Talentos, é de que os jovens não sabem o que querem nem o que não querem para sua vida profissional. Tenho a impressão de que eles sentem um desconforto primal, como 'eu não tenho tudo que quero'. Mas às vezes é a falta de algo de relevância mínima, quando observado de uma perspectiva mais ampla e de longo prazo. Por exemplo: 'Gostaria de viajar para a Europa com os meus amigos, mas neste ano não tenho tempo ou dinheiro para isso' ou 'quero ficar um ano sem trabalhar e não posso'.

Em algumas entrevistas que fiz para este livro, as dúvidas ficaram claras. Amanda é um exemplo. Formada em Rádio e TV, estagiou em produção de cinema durante a faculdade. Acabou criando um círculo de amizades com muitas pessoas da área de cinema e seguiu para esse caminho após o curso. A rotina era pesada. Como assistente de câmera em curtas e longas-metragens, não tinha hora para sair do trabalho. Cansada do ritmo, decidiu tirar da gaveta um sonho antigo: fazer a faculdade de arquitetura. Um ano depois de estar formada, trabalhando em um escritório que atende construtoras, mas não está satisfeita com a remuneração, com o fato de não ser registrada e com a relação tensa com a chefia. Hoje não sabe se irá continuar em arquitetura – enquanto tenta ingressar em outra área –, ou se mudará completamente de direção. Já pensou em dar aulas de ballet, dança que pratica, ou começar a costurar. Porém, quando analisa friamente essas opções, volta a dúvida se mudar de área é realmente a escolha certa.

A publicitária Luiza trabalhou em sua área até os 26 anos. Por questões familiares, mudou-se da capital paulista para o interior e teve que se adaptar às novas condições. Trabalhou em uma gráfica, onde recebia um salário equivalente a um terço de sua remuneração em São Paulo. Logo, decidiu abrir a própria empresa de consultoria de marketing. Seguiu com ela por quatro anos. Até que, com a crise de 2015 no Brasil, as empresas começaram a cancelar os contratos para cortar custos. Luiza foi forçada a fechar a agência. Hoje pesquisa novos caminhos para seguir, mas ainda sem sucesso. "Penso um monte de coisas, mas estou sem foco. Gosto muito de escrever e de música". Ela recebeu um convite de uma amiga para montar uma confecção de camisetas bordadas, mas ainda não decidiu o que responder. Pensou também em trabalhar com produção cultural, mas precisaria de patrocínio para colocar de pé uma ideia. "Além disso, vou correr atrás de emprego na área de administração... Enfim, estou tendo dificuldade em decidir qual caminho traçar", diz.

Trabalhar para quê?

Entre os profissionais que passam pela crise dos 30, quais são os aspectos do trabalho que os desmotivam? O que gostariam de receber em troca para sentir que a carreira vale a pena? Ou ainda para minimizar as insatisfações e questionamentos? Quais as expectativas com relação ao retorno do trabalho, ou seja, o que esperam obter na vida profissional? Falas associadas à satisfação, estabilidade e retorno financeiro foram os temas norteadores dessas conversas.

Quando comecei a trabalhar com Orientação de Carreira, o discurso era aquele de buscar a sua paixão. Aqueles que não encontravam sentiam-se frustrados por não saber aquilo que gostavam. Hoje entendo de uma forma diferente: o que traz satisfação é ser reconhecido por algo que fazemos bem. Por isso, mais do que encontrar uma paixão, precisamos identificar no que somos bons e como nossas habilidades podem ser colocadas a serviço de algo que possamos entregar ao mundo (organizações, pessoas, animais, ambiente, ONGs) numa ação que tenha retorno, resultados, e com a qual possamos nos sentir realizados.

A expectativa de satisfação no trabalho está diretamente relacionada à definição do que é sucesso. A possibilidade de aprendizado contínuo é um dos aspectos apontado pelos participantes como fundamental para manter a motivação. Desde o aprendizado técnico com as tarefas do dia a dia até a exposição a situações novas e troca com os colegas. No caso das trocas com os colegas, é considerado fundamental que esses colegas estejam no mesmo "nível" de conhecimento, formação e engajamento. Espera-se que o reconhecimento de cada um seja proporcional às entregas. Perceber que não há um reconhecimento diferenciado (inclusive financeiro) em relação aos demais que, em sua percepção, não contribuem da mesma maneira, é um gatilho para a desmotivação. Esse ponto foi citado claramente por dois dos quatro participantes.

Débora, contratada como advogada plena na empresa em que trabalhava, conta que foi incumbida de coordenar uma advogada júnior. "Foi superlegal o trabalho com ela, muito bom. Ela estava cometendo vários erros, mas quando eu passei a coordená-la, o trabalho dela fluiu, ela amadureceu muito". Tudo ia bem até que, em determinado momento, ela descobriu a remuneração da colega subordinada. "Eu nem fui atrás, mas chegou para mim essa informação. Ela recebia um salário menos de mil reais de diferença do meu. Eu falei: 'Gente, o que é que é isso, sabe? Que falta de organização'. Eu acho que tenho que ser reconhecida pelo meu trabalho".

Trabalhar um número de horas adequado também é uma condição esperada em uma carreira satisfatória. Para os entrevistados, isso significa dedicar-se oito horas diárias, não trabalhar nos fins de semana como regra – como exceção, entendem que pode ser necessário. Nos relatos, os participantes demonstraram que não se incomodavam em fazer certos sacrifícios, de vez em quando ou em momentos específicos. Todavia, a partir do momento em que isso virava rotina, os questionamentos surgiam.

Flexibilidade e autonomia para gerenciar o horário de trabalho é um aspecto que aparece como muito desejável. Para falar da carga horária ideal e exemplificar o que gostariam, os participantes assinalaram como estão ou estavam vivendo essa questão, anteriormente, como uma referência negativa. Para todos eles, as exigências do mundo do trabalho são muito altas quanto às horas de trabalho e dedicação. Jornadas de dez a quinze horas por dia, todos os dias, trabalhar nos finais de semana culminaram em problemas de saúde e reflexões. Nenhum deles, idealmente, quer trabalhar além das oito horas previstas por dia e não gostariam de ter que trabalhar nos finais de semana. Querem ter tempo para fazer outras coisas, além de trabalhar, e sentem que falta tempo – ou que no tempo livre estão sempre cansados.

De alguma forma, os participantes sentem-se pressionados pelo tempo. Tanto o tempo do dia a dia, por conta das longas jornadas de trabalho pré-estabelecidas pelas empresas, quanto a passagem dos anos. Nos relatos, parece que existe "um tempo certo" para determinadas conquistas ou realizações. Há um certo peso no "Já tenho 30 ou quase 30 anos ou mais de 30, não tenho mais tempo a perder". Pensam ser tarde para algumas mudanças ou guinadas e, ao constatarem que as coisas não aconteceram como imaginavam, se dão conta de que não têm mais 20 e poucos anos. Parece haver uma ideia pré-concebida de que, aos 30, já deveriam estar estabilizados ou resolvidos profissionalmente. Não sabem se é cedo ou tarde para fazer algumas mudanças, estudar outra coisa ou fazer um intercâmbio, parecendo que as atitudes funcionam quase como "uma última chance para dar certo". Existe uma frustração por terem crenças ou ideais que eles mesmos criaram. E comportam-se como se o mundo os cobrasse por aquilo, o que na maioria das vezes, é irreal.

Ter estabilidade é outra preocupação que todos manifestaram como essencial, principalmente nesta etapa da vida na qual vislumbram muitas conquistas pela frente. Adriano faz uma lista das expectativas mais comuns nessa fase: "Com 30 anos é assim: quem não tem carro quer comprar, quem tem quer trocar, quem ainda não comprou um imóvel quer ter o seu, quem não casou quer casar, quem já casou está pensando em ter filhos, se não virou gerente quer virar... é muita coisa!".

Por estabilidade, segundo os relatos, entende-se um emprego fixo que tenha benefícios e um salário com o qual possam contar todos os meses, para se planejarem.

Aqueles que têm a possibilidade de atuar como autônomos (a psicóloga, a advogada e o administrador) não veem como possibilidade fazê-lo hoje, porque temem a instabilidade com relação ao fluxo financeiro. Três participantes estão pagando seus imóveis próprios e um mora de aluguel e almeja comprar o seu apartamento. Responsabilidades financeiras preocupam os participantes.

Há um reconhecimento sobre a importância do dinheiro, sobretudo por proporcionar estabilidade, no sentido de tranquilidade para poder pagar as necessidades básicas. Conquistas, como a compra da casa própria, ter qualidade de vida e vontade de viajar, apareceram como aspectos importantes. A expectativa dos entrevistados em relação ao valor da remuneração, em geral, é maior do que o que encontram na realidade. O salário ideal ficou entre R$ 8.000,00 e R$ 12.000,00 para pessoas que têm entre 28 e 33 anos, na visão dos participantes. Segundo a Relação Anual de Informações Sociais (RAIS), do Ministério do Trabalho, a remuneração média mensal de quem tem ensino superior completo é de R$ 5.202,00, em 2015. No entanto, Vânia e Débora deixam claro que dinheiro não é prioridade, de modo que um bom salário não é o suficiente para se sentirem satisfeitas. Há uma ponderação com relação à importância de ter seu próprio dinheiro, porém, querem ter o que pensam ser suficiente para terem uma vida "legal" e trabalhar de uma forma sustentável: com uma rotina de horário normal (8 horas por dia) e de forma que possam ter um equilíbrio com a sua vida pessoal.

Marcos acredita que tem um bom salário, mas gostaria que fosse mais alto. Pensa em trabalhar muito por mais cinco anos, aproximadamente, para se casar e conseguir pagar o seu apartamento. Depois disso, quer diminuir um pouco o ritmo/carga horária de trabalho, consciente de que possivelmente irá ganhar menos, também. Quer constituir família e poder "curtir" bons momentos com esposa e filhos, retomar seus hobbies como o surf e a música, e acha que, com a rotina que tem hoje, não é possível conciliá-los.

Adriano tem uma situação um pouco diferente, pois, a despeito de sua experiência anterior, como empresário, ele se inseriu no mercado há menos tempo. Dinheiro, neste momento, é uma questão fundamental por conta de seus compromissos financeiros (dívidas e parcela de seu apartamento). Recebe um salário fixo e comissão sobre vendas, mas não está satisfeito, porque ainda não é o suficiente para cobrir seus gastos. Ele ressalta que, assim que sua situação financeira se estabilizar, o retorno financeiro não estará em primeiro plano e ele poderá abrir mão de ganhar um pouco mais, se tiver que trabalhar nos finais de semana, por exemplo.

Dentro do possível

Parte da insatisfação de profissionais na faixa dos 30 anos se deve à frustração diante de uma realidade bem diferente do que esperavam encontrar. O estudo realizado pela empresa brasileira Pesquisaria, em 2015, mencionado no primeiro capítulo, dá alguns sinais de como as dificuldades econômicas – decorrentes de uma crise que se intensificou desde 2013 e do aumento do custo de vida ao longo dos últimos anos – impactou os jovens e suas carreiras. Uma das principais conclusões da pesquisa foi a de que poucos conseguiram ter uma realidade financeira compatível com as suas aspirações.

As redes sociais também podem ter sua parcela de responsabilidade sobre a distância entre ideais e realidade. O hábito de tirar fotos, fazer vídeos e escrever posts compartilhando a vida privada de maneira pública tem crescido nos últimos anos, com ferramentas como Facebook, Twitter e Instagram. Com isso, o dia a dia de qualquer pessoa pode ganhar uma conotação antes restrita a personalidades públicas, como artistas, apresentadores de TV e até políticos, que tinham a rotina acompanhada pela mídia como consequência de seus ofícios. Um dos impactos negativos de ter a intimidade escancarada em páginas da internet é justamente a tentativa de criar uma imagem de perfeição. A consultora Danilca chama de "cultura das pílulas de felicidade diárias" os relatos e fotos compartilhados nas redes sociais que estão a serviço da criação de uma imagem de vida ideal. "Essa cultura gera uma expectativa nas pessoas de ter felicidade e prazer diários no trabalho", afirma ela. "Isso me preocupa bastante, porque não existe prazer diário no trabalho nem na vida. Ninguém é feliz todos os dias, todas as horas. E eu vejo que as redes sociais criaram um pouco essa necessidade de as pessoas serem – ou parecerem – felizes o tempo todo. Porque as pessoas postam fotos em paisagens lindas, praias maravilhosas. Parece que todo mundo tem uma vida perfeita, menos você".

Maira Habimorad destaca outro comportamento nocivo, decorrente do intenso uso das redes sociais: a comparação entre elementos incomparáveis. "Quando se compara a sua realidade com a de alguém, a partir do que a pessoa postou na internet, você está comparando a sua vida real a uma projeção, o que não faz sentido. Por exemplo, quando alguém está em um show, tira foto e posta no Facebook porque ele precisa parecer ainda mais legal do que está sendo. Na verdade, não importa se foi legal. Importa que pareça legal. Há uma preocupação intensa com as coisas parecerem, mais do que serem, de fato", afirma. "Para conhecer de fato a vida de alguém é preciso sentar perto, olhar no olho, conversar, aprofundar-se, conhecer, conviver. E quem está disposto a fazer isso hoje?". Ela afirma que atualmente as pessoas não priorizam as relações próximas e verdadeiras, preferindo a superficialidade da vida posada. "Todo mundo virou benchmarking de todo mundo. Mas aquela felicidade, aquela ideia de vida perfeita é apenas uma imagem. Não é real".

Felicidade possível

Com tantos convites à tentativa de ter uma vida perfeita, fica difícil manter os pés no chão. Isso não significa, porém, que não seja possível ser feliz com as escolhas que se faz. Os relatos dos entrevistados que encontraram um caminho profissional satisfatório indicam que, sim, dá para se realizar com a vida cotidiana. As palavras-chaves para isso são liberdade de escolha e sua consequência inevitável: a responsabilidade. Como afirma a psicóloga Patrícia Dias Gimenez[36], "Escolha é muito mais sobre do que se abre mão".

Observo em minha experiência que as pessoas frequentemente se queixam de aspectos intrínsecos às escolhas que fizeram. Quando se toma uma decisão, vem com ela o ônus e o bônus. Percebo que muita gente quer algo, mas não se dá conta do que aquilo implica. Por exemplo, alguém diz 'não' para um trabalho para não trair os próprios valores. Em outro momento, pode questionar por que a carreira de um colega foi para determinado rumo, enquanto a sua não. Mas não se lembra que essa foi justamente a escolha que fez ao dizer aquele 'não'. Tomou a decisão de não crescer de certa forma e agora está apenas colhendo os frutos, que não são positivos nem negativos. São apenas uma consequência. Muitas vezes, fazemos uma escolha sem enxergar exatamente o que estamos escolhendo.

Em alguns relatos ouvidos para este livro fica claro que as pessoas na crise dos 30 anos enfrentam um paradoxo: querem os benefícios da liberdade que o mundo atual permite (como flexibilidade e autono-

---

36 No livro *Adolescência e escolha: um espaço ritual para a escolha profissional através do sandplay e dos sonhos* (2009).

mia em relação aos locais e horários de trabalho), mas querem também a estabilidade e a segurança que um trabalho tradicional pode garantir. A medida de cada um desses elementos na vida de alguém é uma decisão particular. Mas é bom lembrar que, como toda decisão, inevitavelmente trará suas consequências e, com elas, a necessidade de se responsabilizar.

Esse conflito, em certa medida, pode explicar o aumento da procura de jovens por concursos públicos. O estudo realizado pela Pesquisaria mostra que 83% dos jovens de 30 anos sonha em passar em um concurso público. "Com o concurso público, rola uma estabilidade. Quero focar nisso porque acho que pode valer a pena. Estou estudando de segunda a sexta, tenho trabalhos aos sábados, mas que vai valer, vai sim", afirma um dos participantes.

Diante da briga entre tantas vontades e queixas, expectativas e frustrações, ideais e realidade, a conclusão é simples: não dá para ter tudo. É impossível conciliar a escolha por uma carreira baseada em liberdade e flexibilidade a uma segurança à moda antiga, quando as empresas se responsabilizam completamente pelo desenvolvimento de seus funcionários. É preciso fazer escolhas e, quanto mais conscientes forem, menos pesado será administrar suas consequências no futuro. Porque, sim, mais cedo ou mais tarde, a conta chega. Por isso, é preciso – e urgente – colocar na balança os desejos que se tem, discernir entre aqueles inegociáveis para uma vida satisfatória e aqueles que dá para negociar em alguma medida. Há escolhas que são excludentes, e outras que podem conviver harmonicamente. Mas não há ganhos sem concessões. Essa alquimia de decisões e medidas é particular. Cada um terá que descobrir os próprios critérios e limites, e estar preparado para rever a cartilha a qualquer momento. Porque no mundo dos adultos – e ainda mais nos tempos líquidos –, vale o ditado do grego Heráclito de Éfeso, que está na base da filosofia budista: a única constante é a mudança.

Os 30 anos são a adolescência da vida adulta, um convite ao amadurecimento. O momento de olhar para trás e entender o que foi construído até ali. E, então, olhar para frente, ajustar a rota e seguir viagem com a bagagem atualizada. Mas para que esse caminho seja sólido e iluminado é preciso, entre a chegada e a partida, olhar para dentro e se perguntar: a quem serve isso que estou fazendo? Em momentos difíceis, escolha o melhor possível. Faça uma lista de prós e contras e anote as razões pelas quais escolheu por um determinado caminho. Ao olhar para trás, ao invés de sentir-se frustrado com o que aconteceu ou não aconteceu, lembre-se de que fez a melhor escolha possível naquela situação.

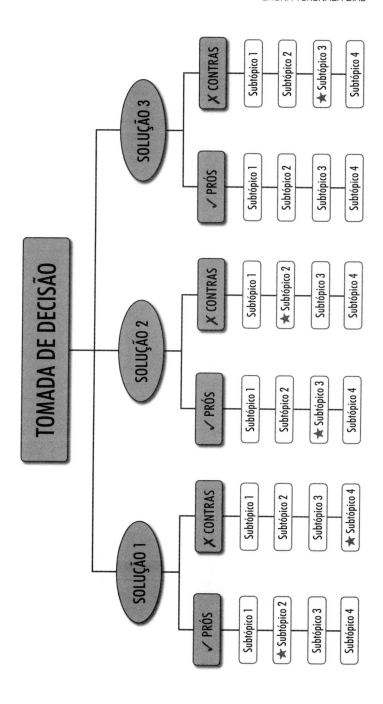

capítulo 10

Os pontos fortes de uma geração

Como pesquisadora – e também como parte do grupo que completou 30 anos na segunda década dos anos 2000 –, me incomodo diante de alguns discursos que rotulam, de forma negativa, a "geração líquida". Nos últimos anos, circularam nas redes sociais, na mídia e na academia textos focados nos problemas dos jovens adultos. Discursos, muitas vezes, ranzinzas, superficiais e generalistas, que parecem apontar o dedo para quem nasceu nos anos 1980 e, portanto, é "mimado", "descomprometido", "indeciso" e trata tudo como "descartável".

O artigo "A geração que trata tudo como descartável" foi escrito pela advogada e professora universitária Ruth Manus, publicado em seu blog no jornal *O Estado de S.Paulo*, no dia 4 de maio de 2016. Embora constate alguns fatos, na minha opinião, o texto não contribui com a construção de um comportamento positivo: "Foi nas nossas festas de aniversário que começaram a aparecer copos de plástico, garfos de plástico e pratinhos de papelão. Fomos os que começaram a levar suco em caixinhas para a escola, ao invés de precisar trazer a garrafa de volta para casa. E assim fomos aprendendo a viver uma vida descartável", escreveu ela. "Mas o raciocínio do descartável foi muito além dos bens de consumo. Somos a geração dos relacionamentos descartáveis. Dos empregos descartáveis. Das paixões descartáveis. Das ideias descartáveis. Dos amigos descartáveis (...) Entramos no estágio. Aparece uma viagem no verão, pedimos as contas. Comprometimento? Ah, eles encontram outro estagiário logo. Somos contratados para um emprego. Seis meses depois aparece uma proposta que paga um pouco mais. Sei que eles contam comigo até o fim do ano, mas tenho que cuidar dos meus interesses. Meus planos. Minha vida. Eu, eu, eu. Contratos de trabalho descartáveis. (...) Somos das carreiras que nos consomem. Achamos que nosso corpo é descartável. Falta sono, sobra álcool".

Sinto falta de pessoas – especialistas ou não – que vão além das críticas. Porque, sim, há pontos negativos nessa geração. Mas será que não foi assim também com todas as outras? Será que a responsabilidade por comportamentos questionáveis é exclusivamente de quem os pratica? Os desafios de hoje são também consequência de condutas adotadas e orientadas pelos pais e avós. É claro que há muito o que se melhorar, acima de tudo, para que os próprios jovens se sintam mais realizados. Para enxergar as lacunas, porém, é preciso acolher as deficiências. Ver além da situação para apontar novos caminhos. Estar disposto, por vezes, a ver o copo "meio cheio" – e não apenas "meio vazio".

A ilustradora Beatriz Leite fez uma crítica à abordagem pessimista do sociólogo Zygmunt Bauman, cuja teoria serve de sustentação intelectual ao criticismo excessivo. Seu artigo "A triste geração que está sendo convencida de que não sabe amar" foi publicado na plataforma online Trendr, que reúne textos de autores diversos. Apesar de o tema central do artigo ser o amor romântico, seus argumentos se estendem às relações estabelecidas no universo corporativo.

"Não é tão recente, nas redes sociais, esse fenômeno do compartilhamento de vídeos e entrevistas do Bauman falando sobre amor líquido. Parece que, de uns tempos pra cá, o povo decidiu que todas as frustrações amorosas que vivem são culpa desse novo tipo de amor frágil, esse vilão da vida afetiva contemporânea. Mas será que é isso mesmo? (...) Essa liquidez à qual o Bauman se refere é uma metáfora para tudo hoje em dia, graças à globalização e ao uso das tecnologias, é tudo muito rápido e fácil, fazendo com que seja mais fácil descartar as coisas. Isso, segundo o Bauman, é transportado para as relações, que seriam frágeis e pouco duradouras, pois, em tese, vivemos sempre em busca de algo melhor e descartamos pessoas como se fossem mercadorias. (...) É mesmo tudo frágil e descartável assim? Somos mesmos consumidores uns dos outros e tratamos uns aos outros como mercadorias? E é só isso que o cenário contemporâneo tem pra gente no que diz respeito às relações amorosas? Desculpa aí, Bauman, mas acho que você está sendo pessimista demais e talvez um pouquinho preguiçoso."

Beatriz cita outro sociólogo, Anthony Giddens, autor de *A Transformação da Intimidade*. Assim como Bauman, ele trata das mudanças nas relações amorosas, mas sob outra perspectiva. "Enquanto Giddens celebra a fluidez como uma maneira de libertação, chamando à atenção as múltiplas possibilidades de se relacionar afetiva e sexualmente e à facilidade da busca por algo melhor em casos de insatisfação, Bauman associa essa fluidez a uma espécie de descartabilidade das relações (e, consequentemente, dos indivíduos envolvidos nela) e a um eterno hedonismo".

"Essa crítica que o Bauman faz às relações contemporâneas é tão amplamente aceita, que tem sido comum encontrar gente falando sobre isso, tanto quanto encontrar textos sobre o que aconteceu com a geração Y, essa que, supostamente, não trabalha, nem constrói vínculos. Não sei vocês, mas eu estou de saco cheio e acho que podemos ir além desses lugares comuns e fazer análises mais profundas. Quando se fala de como a geração Y se comporta e de como as pessoas lidam com as relações amorosas agora, me parece que se parte necessariamente de uma romantização do passado. Chamo de 'ilusão do saudosismo', essa prática comum de esquecer o que houve de ruim, exaltar o que passou e achar que o agora é a pior época que já existiu."

(...)

"Essa perspectiva me parece limitada e ilusória, pois desconsidera que muitas relações eram duradouras simplesmente porque o divórcio não era bem visto pelas sociedades, porque as mulheres não tinham possibilidade de independência financeira e porque os discursos de amor romântico (um amor que deveria durar para sempre) eram propagados por interesses econômicos e religiosos justamente para estimular os casais a permanecerem juntos."

A liberdade que hoje existe no ambiente corporativo é similar à realidade das relações pessoais descritas por Beatriz. De modo geral, as pessoas não estão condenadas a trabalhar a vida inteira em uma empresa por falta de opção. Não gosta da atividade principal do seu emprego? Pode conversar com o chefe ou tentar mudar de área. Se nada funcionar, o mercado de trabalho está cheio de companhias concorrentes em busca de jovens talentos. Não se sente realizado com o sentido maior do trabalho que realiza? É possível tirar um período sabático, pensar na vida ou construir um plano de mudança de carreira enquanto se mantém empregado para pagar as contas. Será que saber que tudo é possível, que há infinitas possibilidades profissionais é algo ruim?

O argumento de Beatriz é que "esse outro amor que a gente vive hoje em dia não é necessariamente líquido". Giddens o chamou de "amor confluente":

"mais pautado no real, afastando-se daquela ideia do amor romântico de encontrar alguém que te complete. Enquanto o amor romântico prevê sacrifícios, o amor confluente é mais livre e mais maleável às contingências. Isso de ser livre é frequentemente confundido com não se importar, com não ter carinho, afeto, cuidado. (...) Focar tanto no amor líquido e na suposta fragilidade das relações me soa como uma tremenda ingratidão ao mundo de possibilidades que temos hoje, porque hoje temos poder de escolha. Tem coisa melhor do que poder escolher?", questiona a autora.

Pelo direito de viver bem

A possibilidade de fazer escolhas traz consigo o risco da dúvida, da falta de foco, do desvio do caminho. Mas, na mesma medida, traz a abertura para novas ideias, para a construção de histórias inéditas, que não necessariamente se inspiram nas que vieram antes. E mudar sempre incomoda em alguma medida. Dá medo. Exige adaptações. Traz responsabilidade. Tira as pessoas da zona de conforto – inclusive aquelas que só estão ao redor, mas sofrem os impactos das decisões alheias. Maira Habimorad enxerga muitos dos questionamentos dos jovens adultos como um movimento legítimo e saudável, de transformação para melhor. "Estamos nos sofisticando intelectualmente como sociedade.

Os nossos desejos estão mais complexos. Que bom que queremos ambientes um pouco mais sadios para passar as oito, nove, dez horas que o trabalho ocupa em nosso dia. É um pedido legítimo. Eu considero natural não se querer mais trabalhar em um ambiente negativo, com um chefe grosseiro, cercado de pessoas que querem passar a perna umas nas outras, em relações supercompetitivas. As pessoas não estão dispostas a aguentar qualquer coisa só porque um emprego paga bem".

No século passado, trabalhar muito, com dedicação total à empresa a despeito das dificuldades em geral, soava como algo positivo, motivo de orgulho. A geração X viveu o auge do movimento workaholic. Era normal encontrar quem mergulhava no trabalho a ponto de abrir mão da vida pessoal. Mas esse cenário não parece sustentável, nem capaz de promover satisfação e felicidade. Então, começa a nascer uma nova consciência. Pessoas em busca de bons momentos fora do ambiente de trabalho e que estão dispostas a bancar o custo dessa escolha – mesmo que isso, em alguns casos, signifique receber salários mais baixos.

Esse desejo de melhorar a vida no trabalho não significa que será responsabilidade das empresas oferecer conforto e felicidade plena para os funcionários. "O que devemos é fazer uma ponte entre os dois extremos: o ambiente nocivo que prevaleceu por décadas no universo corporativo e o lugar mais colaborativo e saudável desejado pelos jovens atualmente", afirma Maira.

Outro reflexo das mudanças de comportamento é a maneira de lidar com a diversidade. Não é mera coincidência que esta palavra tenha se tornado parte do vocabulário corrente em grandes corporações. Algumas têm até departamentos exclusivamente dedicados ao tema a fim de garantir, por exemplo, a igualdade de gêneros e a inclusão de pessoas portadoras de deficiências. Para os que estão na faixa dos 30 anos esse tipo de debate, muitas vezes, não faz sentido. O administrador Alfredo Motta conta que, em uma pesquisa de mercado com um grupo de jovens, foi dita na apresentação a seguinte frase sobre o produto apresentado: "Ele já nasceu democrático, para todos, independentemente do sexo, idade e classe social". Ao ouvir isso, os participantes criticaram: "Esse papo sobre gênero está errado. Vocês estão confundindo orientação sexual com gênero. Em função desse desalinhamento de discurso, não consegui nem avaliar o conceito do produto". Para Alfredo, esse ainda é um movimento mercadológico, de fora para dentro. "As empresas estão basicamente dançando conforme a música".

A marca dos 30

A geração dos 30 sofre críticas por ser cheia de quereres. No ambiente corporativo, essa postura forja líderes sedentos por deixar sua marca na empresa, na gestão, no mundo – ainda que as ambições materiais não tenham tanta força. Maira observa esse perfil de jovem executivo com frequência nas consultorias que presta a empresas. "Vejo esses meninos de 26, 27 anos, brilhantes, querendo fazer o que acreditam, mudar as coisas, deixar sua marca". Ela pondera que, por trás de tanta energia transformadora, há também uma intenção autocentrada. "É um movimento egoísta, egocêntrico, de querer ser lembrado. Mas isso não anula o fato de que querem deixar as coisas melhores, tornar as organizações mais ágeis, eficientes para gerar impacto positivo não só para si mesmos, mas para mais pessoas envolvidas. Acredito que esse desejo, em geral, é genuíno nos jovens".

As perguntas sobre o sentido da carreira começaram a ser elaboradas de forma mais clara e objetiva no final dos anos 90. Danilca Galdini, que nessa época iniciava sua carreira como consultora de RH, lembra da ausência de respostas prontas para questões que ela propunha para os executivos: "O que você quer fazer? O que faz sentido para você?". "Essas perguntas começaram a aparecer mais ao longo dos anos porque passamos a permitir que elas fossem colocadas na mesa", diz ela. "Quantas vezes um presidente de empresa foi realmente questionado se aquele era o caminho que ele queria seguir?".

E você, já se fez essa pergunta? O lugar que ocupa hoje profissionalmente é aquele que realmente gostaria de ocupar? Qual é a sua marca?

Para onde ir?

O turbilhão de perguntas sem respostas que as pessoas fazem a si mesmas, em meio à crise dos 30 anos, tende a gerar angústia. Obriga a olhar ao redor com novos filtros. Dá aquele frio na barriga de quando se intui que, talvez, as escolhas de ontem não caibam no contexto de hoje. Isso significa que será preciso tomar decisões. Fazer novas escolhas. Comunicar às pessoas envolvidas – e, com isso, frustrar algumas delas. Rever contratos. Começar de novo. Aceitar que o dia de amanhã não é previsível como se gostaria. Assumir a responsabilidade por tudo isso e, em troca, encarar o vazio, o desconforto, o medo, típicos de momentos de transição. Mudanças nunca são fáceis. Quantas vezes preferimos o mal-estar conhecido ao desconhecido? Ainda que no escuro haja a possibilidade de encontrarmos algo que realmente nos entusiasme na vida, é custoso encará-lo.

Os questionamentos sobre a carreira possibilitam a ampliação de consciência e de autoconhecimento para as pessoas. Mesmo que à força, as perguntas abram lacunas na mente e na vida, com elas, surge o convite à construção de respostas mais sinceras e coerentes com os nossos desejos essenciais. Entre os quatro entrevistados para a minha dissertação de mestrado e as pessoas que concederam depoimentos exclusivamente para a elaboração deste livro, todos procuraram ou estão procurando ressignificar suas experiências e buscar novas possibilidades a partir da crise. Em alguns casos, paralisaram momentaneamente o seu processo de crescimento e desenvolvimento. Mas retomaram – mesmo com medo, mesmo doendo, mesmo sem a compreensão dos outros –, em busca de autorrealização. De maneira recorrente, aparecem em seus discursos o desejo de formar uma família, de ter uma vida mais tranquila e a busca pela espiritualidade, algo maior, um momento de paz.

A crise dos 30 anos pode ser, portanto, um momento propício para uma reflexão profunda sobre a vida que se tem e a vida que se quer ter. O quanto essas duas vidas estão alinhadas, caminhando juntas? Onde há bifurcações? Com base em que critérios fazer as escolhas que são pessoais e intransferíveis diante dos riscos intrínsecos?

Os questionamentos traduzem uma busca. Essa busca, em determinado momento, se transforma em construção. E construir é ter a liberdade para criar. Viver dá trabalho. Viver bem, satisfeito com você e com a sua vida (independente do que isso signifique) dá mais trabalho ainda. Mas é possível que o retorno seja satisfatório, caso haja disposição para assumir os riscos.

Caminho aberto

É possível encarar como vantagem algumas das condições da "geração líquida" de Bauman. Hoje não existem as cobranças sociais por casar, ter filhos e um emprego estável, na intensidade que havia nas gerações anteriores. Tem-se agora mais acesso à informação. Inúmeras possibilidades profissionais. Enfim, a liberdade tão sonhada por nossos pais. Cabe a nós, na transição dos 30, ter a coragem de assumir a responsabilidade pela liberdade herdada. Isso é amadurecer. Isso é crescer, se desenvolver.

Mas esse caminho só é possível se estiver claro para onde se quer ir. Qual é o destino? A quais chamados atender? Que realizações perseguir? Não há fórmulas simplificadas nem certo e errado para indicar a direção. Este é um caminho individual, que precisará ser desenhado com experimentações, tentativa e erro.

O ponto de partida, porém, é um só: o autoconhecimento, de acordo com muitos dos entrevistados em crise e dos especialistas que contribuíram, direta ou indiretamente, para a construção deste livro. Voltemos ao filósofo grego Sócrates, que em 400 anos a.C. deixou sua máxima ainda tão atual: "Conhece-te a ti mesmo".

Para Jung, autoconhecimento equivale a conhecimento. Para ele, a aquisição de conhecimento é a ampliação da consciência. É o meio pelo qual descobrimos aquilo que nos torna únicos, incomparáveis aos outros. Por esse caminho, desenvolvemos a personalidade e as potencialidades como indivíduos. A motivação é inata nesse processo de individuação. Mas sua realização só se dá por meio do contato com a sombra (a parte sombria do ego, a mais animalesca do ser humano), no confronto do inconsciente com o consciente, resultando em amadurecimento e realização individual.

A construção do conhecimento acontece à medida em que aspectos do inconsciente ou da realidade, antes desconhecidos, passam a fazer parte do sistema ego-consciência, ampliando-o. Na prática, são as fichas que caem, as percepções mais claras sobre fatos e situações, os insights.

O psicólogo Jean Guichard constata que nas sociedades ocidentais, o trabalho é uma grande oportunidade que o indivíduo tem de se realizar[37]. Em função da valorização da área profissional, muita gente sofre quando não consegue se orientar nesse sentido.

Constantes mudanças, ausência de referências, de garantias e de um modelo a ser seguido criam um cenário de inseguranças. É comum que os profissionais

---

37 No artigo *Quais os desafios para o aconselhamento em orientação no início do século 21?* (2014).

continuem buscando receitas do que deu certo no passado. Mas, segundo Guichard, o desafio de qualquer profissional é mais interno do que externo. Para realizar-se na carreira, é preciso desenvolver a capacidade de transformar as suas competências, reciclar os seus conhecimentos e adaptar-se a novas situações.

Guichard cita o conceito *planned happenstance*, sobre a atitude estratégica de transformar eventos inesperados em oportunidades. Para isso, é preciso desenvolver a reatividade (capacidade de reagir), a flexibilidade e a capacidade de adaptação. Requer que a pessoa identifique o que é importante para ela e algo que chame a sua atenção em determinado contexto. Assim, avaliará uma situação e definirá um objetivo de curto prazo. Isso só é possível se o indivíduo fizer uma reflexão. Se ele ouvir as próprias impressões e conhecer suas íntimas intenções, não apenas reproduzir modelos. Esse é um processo que nunca se conclui, segundo o psicólogo. Está sempre dando sentido às diversas experiências da vida (passado, presente e futuro), relacionando-as às perspectivas e possibilidades futuras que as unifiquem.

Sem anestesia

A auto-observação sempre gera algum grau de desconforto. Sentir os altos e baixos, aproximar-se das próprias dúvidas e contradições, ou mergulhar no vazio do "não sei o que quero", "não sei o que fazer", não é exatamente prazeroso. Olhar para dentro exige coragem. A outra alternativa, no entanto, é viver na ilusão ou na superfície das emoções, seguindo os passos dos outros, ou fórmulas prontas, sem se questionar se estão alinhados à sua verdade interna. Esse é o processo da vida. Não há escapatória. Não adianta fugir do desconforto, porque ele vai te seguir, onde quer que você vá. Isso é do ser humano. De modo geral, as pessoas não sabem responder perguntas como: "Quem eu sou?", "O que quero ser?", "O que estou disposta a fazer para isso?". Elas, muitas vezes, não se dão conta de que o desconforto é decorrente de alguma escolha que fizeram. O exercício filosófico no qual acredito que devemos investir é refletir sobre essas questões a respeito de nós mesmos e chegar mais perto do que queremos ser. Porque quando nos propomos a mudar, nós mudamos. Resta saber para o quê.

A importância do autoconhecimento tem sido reconhecida também por executivos. Danilca Galdini participou recentemente de uma conversa informal com CEOs e diretores de RH, em que foram apontadas, em consenso, as ferramentas para a formação de um novo líder: educação e autoconhecimento.

Em comparação com a realidade de duas décadas atrás, a consultora observa que os jovens atualmente sabem responder com rapidez quais são seus objetivos de vida. No entanto, não parecem conscientes dos impactos que suas escolhas podem gerar para eles mesmos. Ela acredita que entender esse impacto será um passo fundamental para a ampliação de consciência dessa geração.

Conhecer os próprios desejos e potencialidades será cada vez mais fundamental para garantir o lugar dos homens em um ambiente tecnológico. Não sabemos até onde a tecnologia irá. Temos uma dimensão de sua aplicação, mas não de todos os impactos disso. O diferencial insubstituível do ser humano será decorrente dessa clareza interna. Precisamos investir no autoconhecimento, porque as competências socioemocionais serão muito importantes. Por exemplo, é preciso saber se adaptar e lidar com a frustração para aproveitar as oportunidades que surgirão com as mudanças no mercado.

Saber os porquês das próprias escolhas ajuda a não se paralisar diante de situações adversas. Algo que saiu do planejado. Ou mesmo a comparação com a realidade de colegas que cresceram juntos. Sem a consciência de suas motivações, pode-se perder em avaliações descabidas. É natural nos reconhecermos na relação com os outros. Mas esquecemos de olhar para a diversidade de escolhas que cada um faz. Seu amigo tem algo que você queria ter? Mas o que ele escolheu que você não escolheu? Ele se dedicou a algo ou fez alguma concessão que você não quis fazer? É preciso levar em conta que há variáveis, muitas delas ocultas, que geram consequências diferentes. Isso é autoconhecimento.

O publicitário Denis Giacometti também ressaltou a importância do autoconhecimento, durante sua participação no programa *Conta Corrente*, da GloboNews, veiculado em 17 de junho de 2016. O tema era o crescimento do desemprego entre os jovens no Brasil: "Os jovens precisam se autoconhecer melhor. Esses, – os jovens que fazem algum trabalho de autoconhecimento – coincidentemente, foram aqueles que fizeram um planejamento da vida com antecedência de tal forma que, chegando aos 30, já se imaginavam mais estáveis. (...) A questão é toda voltada para o conhecimento. Os jovens precisam investir nessa questão do autoconhecimento. As empresas, os fundos de pensão, as universidades esclarecidas, investindo em cursos vocacionais...".

Este é o único caminho possível para a realização profissional, defende também o publicitário Alfredo Motta. "Se você se conhece, a tendência é não ficar tão ansioso, conseguir dormir à noite, não ter gastrite nervosa. Suas escolhas serão mais tranquilas, porque feitas com mais clareza. Fica mais fácil bancá-las. Mesmo que seja para dizer: 'Vou abrir mão deste emprego, ganhar menos, mas ter uma qualidade de vida melhor'. Não só Sócrates fala sobre 'conhecer-te a ti mesmo', mas também o filósofo Friedrich Nietzsche: 'Torna-te quem tu és'. Não vejo outro caminho possível".

Nós viemos ao mundo para realizar as nossas potencialidades. Para desabrochar enquanto indivíduos. O que quer que nos desvie dessa rota, não é saudável, não é natural, e sentimos isso, consciente ou inconscientemente. A missão de realizar-se é, portanto, impossível de ser recusada. Mais cedo ou mais tarde, cobrará seu preço por uma negação. Ou entregará os frutos decorrentes da coragem de experimentar e aceitar o risco e construir o novo. O primeiro caminho pode às vezes parecer um passeio, mas ele não tem recompensa no final. O segundo caminho tem mais espinhos, é preciso seguir sozinho em alguns trechos, mas você encontrará pessoas muito especiais pelo caminho: aquelas que estão querendo fazer a diferença. Eu vou pelo segundo caminho, ao longo dessa incrível jornada que é tornar-se você mesmo.

Bruna Tokunaga Dias

Bruna Tokunaga Dias é graduada em Psicologia e mestrado em Psicologia Clínica pela Pontifícia Universidade Católica de São Paulo. Possui especialização em Orientação Profissional pelo Instituto Pieron (São Paulo) e é treinada em Coaching Integrado pelo *Integrated Coaching Institute*.

É Consultora Sênior da *Cambridge Advisors to Family Enterprise*, consultoria global altamente especializada em empresas familiares. Também é Consultora Sênior do *Cambridge Institute for Family Enterprise*, renomado instituto de educação e pesquisa focado em questões enfrentadas por empresas familiares. Ambos integram a *Cambridge Family Enterprise Group*, uma organização global fundada em 1989, dedicada a ajudar famílias empresárias a alcançarem o sucesso multigeracional de suas famílias, acionistas, empresas e crescimento do seu patrimônio.

Conduz programas do Centro de Desenvolvimento Individual da Cambridge, tal como *assessments* para diferentes situações da vida, plano de vida e plano de carreira, assessoria de carreira e coaching para membros familiares e executivos.

É membro do Comitê do *FBN Next Generation* (*The Family Business Network*) desde 2012 e auxilia o Programa Conexão Carreira Next Gen.

Antes de juntar-se à *Cambridge Advisors to Family Enterprise*, foi Head da área de Carreira no Grupo DMRH – Cia de Talentos, consultoria especializada em recrutamento e seleção de gerentes e altos executivos, fundada em 1988, dedicada a atrair talentos e desenvolver pessoas.

Atende em seu consultório casos de orientação e transição de carreira. É facilitadora em treinamentos e treinamentos comportamentais, palestrante em empresas e universidades e professora visitante em instituições educacionais como a Pontifícia Universidade Católica de São Paulo (PUC-SP), Fundação Getúlio Vargas (FGV) e Faculdade de Economia, Administração e Contabilidade da Universidade de São Paulo (FEA-USP), onde fala sobre Carreira e Mercado de Trabalho.

Contato da Autora

www.soulhumano.com.br
contato@soulhumano.com.br
linkedin.com/in/bruna-tokunaga-dias

Conheça as nossas mídias

www.twitter.com/integrare_edit
www.integrareeditora.com.br/blog
www.facebook.com/integrare
www.instagram.com/integrareeditora

www.integrareeditora.com.br